数字化背景下第三方支付机构与商业银行的竞合机理研究

罗旸洋 ◎ 著

Research on Competition
and Cooperation Mechanism
between Third-Party Payment
Institutions and Commercial Banks
UNDER DIGITAL BACKGROUND

中国财经出版传媒集团
经济科学出版社
Economic Science Press

图书在版编目（CIP）数据

数字化背景下第三方支付机构与商业银行的竞合机理
研究/罗暘洋著. -- 北京：经济科学出版社，2023.2
ISBN 978 - 7 - 5218 - 4571 - 6

Ⅰ.①数… Ⅱ.①罗… Ⅲ.①支付方式 - 研究 - 中国
Ⅳ.①F832.6

中国版本图书馆 CIP 数据核字（2023）第 036771 号

责任编辑：宋艳波
责任校对：刘　昕
责任印制：邱　天

数字化背景下第三方支付机构与商业银行的竞合机理研究

罗暘洋　著

经济科学出版社出版、发行　新华书店经销

社址：北京市海淀区阜成路甲 28 号　邮编：100142

总编部电话：010 - 88191217　发行部电话：010 - 88191522

网址：www. esp. com. cn

电子邮箱：esp@ esp. com. cn

天猫网店：经济科学出版社旗舰店

网址：http://jjkxcbs. tmall. com

固安华明印业有限公司印装

710×1000　16 开　9.25 印张　125000 字

2023 年 3 月第 1 版　2023 年 3 月第 1 次印刷

ISBN 978 - 7 - 5218 - 4571 - 6　定价：68.00 元

（图书出现印装问题，本社负责调换。电话：010 - 88191545）

（版权所有　侵权必究　打击盗版　举报热线：010 - 88191661

QQ：2242791300　营销中心电话：010 - 88191537

电子邮箱：dbts@ esp. com. cn）

前　言

当前，金融科技呈现出跨越式发展态势，第三方支付机构以其灵活多样、安全快捷的服务模式在我国支付市场迅速崛起，对商业银行的金融主导地位形成了前所未有的挑战。作为支付体系最为重要的服务提供者，两者业务不断交叉、融合，既互为补充亦难免产生冲突。正确理解第三方支付机构与商业银行间竞争合作共存的特殊关系，明晰第三方支付机构与商业银行的竞合机理，有利于第三方支付机构与商业银行稳定有序开展合作。同时，第三方支付机构与商业银行形成良性竞合秩序，对促进国家金融体系创新发展和稳定金融市场具有重要现实意义。本书以第三方支付机构和商业银行作为研究对象，以双方竞合关系的发展逻辑"前因—过程—结果"为研究思路，集成资源依赖、复杂网络等理论，结合实证、数值仿真等分析技术，解析第三方支付机构与商业银行的竞合机理。本书的主要研究内容包括以下三个方面。

（1）从前因视角，阐释了第三方支付机构与商业银行竞合的驱动机理。通过梳理竞合前因的相关研究，确定了资源、战略及成本是影响企业竞合的三个核心维度。基于资源依赖理论和交易成本理论，分析资源动机、战略动机及成本动机对第三方支付机构与商业银行竞合的影响，并利用问卷调查采集相关数据予以实证检验。研究发现，资源动机、战略动机和成本动机均对第三方支付机构与商业银行的竞合起到了正向驱动作用，其中战略动机最强，成本动机次之，资源动机最弱。研究明确了第三方支付机构与商业银行竞合的动机，对实际中促进两类企业稳定合作具有启迪意义。

（2）从过程视角，揭示了第三方支付机构与商业银行竞合的演化机理。借鉴演化博弈论的思想，分析了影响第三方支付机构与商业银行竞合的相关因素，并对第三方支付机构与商业银行两群体的策略演化逻辑进行讨论。通过构建双群体网络博弈模型，从演化路径、稳定策略及影响因素多方面探析了两类企业竞合的演化规律。研究发现，第三方支付机构与商业银行竞合的演化稳定策略存在不确定性，受合作收益、合作成本、违约惩罚及利益分配的影响。具体而言，合作收益的提升、合作成本的降低、违约惩罚的提高及利益分配的合理性有助于提高两类企业的合作水平，推动两群体向合作主导演化。细化研究发现，两类企业体现出显著的异质性，极少数的大型第三方支付机构与商业银行获得了绝大部分合作收益和合作机会，绝大多数中小支付机构和银行难以从竞合中获得理想收益。双层网络博弈的引入，克服了以往博弈模型中个体同质的现实缺陷，补充分析了异质个体在竞合中的收益表现。同时，研究指出了未来两者竞合关系的发展趋势，对不同类型企业选择最优发展策略具有一定启示。

（3）从结果视角，研究了第三方支付机构与商业银行竞合的绩效影响机理。基于组织学习理论和长尾理论，阐释了建立有序竞合关系对绩效的影响，并通过构建多期双重差分模型予以实证检验。研究发现，第三方支付机构与商业银行竞合显著提升了银行财务绩效，而对创新绩效的作用不显著。在进一步动态效应检验中发现，竞合对银行财务绩效的提升作用具有持续性，即在竞合当年和滞后的两年中均能显著正向影响财务绩效。然而即使考虑滞后期，竞合对创新绩效的影响依然不显著。出现这一现象的原因可能是因为当前两类企业合作时间较短，而创新需要较长的时间投入。研究通过实证方法，量化考察了第三方支付机构与商业银行竞合对绩效的影响，肯定了竞合对绩效的积极作用。为企业正确选择竞合策略，提升企业绩效提供有益支持。

罗旸洋

2022 年 10 月

CONTENTS

目 录

第 3 章　第三方支付机构与商业银行竞合的驱动机理　　　030

第 1 章

绪论

　　本章介绍了本书的总体概况。首先，阐明研究动机，明确研究目标，构筑研究框架与层次结构，概要介绍本书核心研究内容；其次，进一步陈述研究设计使用的关键方法和路线；最后，归纳主要创新点。

1.1　研究背景与意义

1.1.1　研究背景

金融科技的迅速发展带动了移动支付产业的高度繁荣。得益于支付宝、微信等支付产品的成熟发展，移动支付总交易规模和交易频次呈现高速增长态势（见图 1.1）。据中国人民银行发布的《2018 年支付体系运行总体情况》显示，2018 年银行共处理移动支付业务 605 亿笔，金额

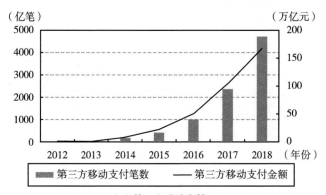

（a）第三方移动支付

（b）银行移动支付

图 1.1　2012 ~ 2018 年第三方移动支付和商业银行移动支付业务运行情况
资料来源：根据中国人民银行和中国支付清算协会公布的公开数据整理。

277 万亿元，同比分别增长 61.19% 和 36.69%。据中国支付清算协会公布的数据显示，2018 年第三方支付机构共发生移动支付笔数 4 723 亿笔，交易规模 168 万亿元，同比分别增长 97.39% 和 59.73%。随着业务应用场景的不断延伸，移动支付正替代现金、信用卡，成为中国市场主流的支付方式。

（1）第三方支付机构介入传统支付流程，提供新型支付方式

在移动支付高速发展的同时，绕开银行系统独立完成支付结算，成为第三方支付机构间敏感而又心照不宣的"尝试"。第三方支付机构也凭此成功介入传统支付结算流程（见图 1.2）。在传统支付流程中，商业银行是收付款人的结算中介，用户在提交支付需求后，经商业银行和银联结算才能实现支付到账。而以第三方支付平台为中介的新型结算模式，在用户提交需求后，通过账户内部操作，实现了与商业银行相同的结算功能。这种新型结算模式在缩短到账时间、为客户提供新型支付方式的同时，也介入了传统支付流程，对商业银行的中介作用形成了替代。

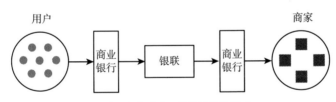

（a）以商业银行为中心的传统结算模式

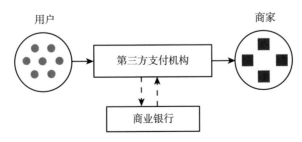

（b）以第三方支付平台为中心的新型结算模式

图 1.2 传统支付结算模式与新型支付结算模式对比

（2）第三方支付机构涉足金融业务，推动商业银行改造升级

随着服务范围的不断扩大、业务模式的不断创新，第三方支付机构以支付为端口，逐渐涉足其他金融服务板块，尝试为个人客户和小微企业提供多元金融服务。凭借简易的申请程序、快捷的服务速度和多元化的产品类型，第三方支付机构的金融业务在短期内实现了快速发展，对商业银行形成诸多挑战。为了应对第三方支付机构带来的挑战，银行业对自身业务流程和服务产品做出了重大调整，开始推动业务的智能化、科技化转型。在支付方面，推出"银联钱包""云闪付"等产品，积极布局移动支付，改良支付结算流程。在中间业务方面，积极开发在线理财投资产品，拓展网络销售渠道，扩大业务辐射范围，提升客户服务体验。在信贷方面，提供在线借贷申请通道，引入大数据分析手段，增加风险评估和风险防控能力，加快放贷流程。

（3）第三方支付机构与商业银行竞争升级，市场寡头效应明显

在第三方支付机构向各行业纵深渗透、拓展金融服务的同时，商业银行也加大了对金融科技的投入，升级现有服务。经过数年的发展，当前两者提供的产品几乎涵盖了所有金融服务，同质化问题日益严重，市场寡头效应日渐凸显。图1.3显示了第三方支付机构的市场份额和各银行资产占银行业总资产的比例。可以看到在第三方支付机构方面，处于优势地位的支付宝、财付通分别占据了54.5%和39.5%的市场份额，双寡头效应明显。商业银行方面，大型商业银行占据了银行业绝大部分资产。截至2018年末，银行业金融机构本外币资产规模为261.4万亿元，其中，大型商业银行5家，资产总计104.33万亿元，占比39.91%，同样存在寡头效应，即绝大部分资产、利润被极少数大型国有和股份制商业银行控制。从整个支付市场看，无论是第三方支付机构还是商业银行，业务发展水平和企业实力均呈现出明显的异质性。

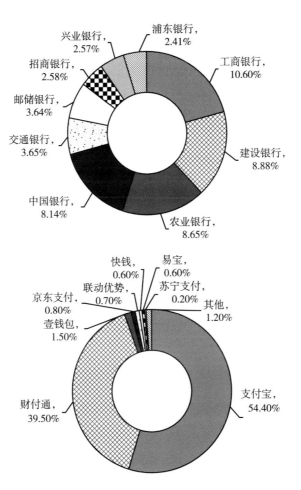

图1.3 2018年各商业银行资产比重和第三方支付机构市场份额

资料来源：笔者根据2018年各银行年报和艾瑞咨询研究报告整理。

（4）第三方支付机构业务开展受限，商业银行遭遇创新困境，双方尝试合作

一方面，随着第三方支付机构业务逐渐金融化，相关部门对其的监管力度也不断加大，如设定支付限额、限制业务类型等，第三方支付机构的业务发展遇到"瓶颈"。另一方面，商业银行不断加强金融科技的资金投入，搭建手机银行服务平台，开发新型金融产品，却收效甚微。例如，尽管手机银行的用户数量有了较大幅度的增加，但其用户活跃度

始终处在较低水平。为了突破发展"瓶颈"和经营困境，第三方支付机构与商业银行开始尝试与对方建立合作关系，在共享资源、弥补自身不足的同时，拓展新业务方向，谋求更长远的发展。

从以上背景可以看出，中国金融行业正处于历史重要转型期，金融科技正在加速改变传统金融服务模式。第三方支付机构与商业银行作为当前金融行业最重要的参与主体，其竞争合作不仅关乎企业自身效益，更会影响金融生态的发展趋势。因此，厘清第三方支付机构与银行间竞合的形成原因、掌握竞合的演化规律、正确评估竞合的实施效果，能够为中国第三方支付机构与商业银行选择正确的发展策略提供现实依据和理论参考。

1.1.2　研究意义

1.1.2.1　理论意义

（1）基于复杂网络构建演化博弈模型，为分析第三方支付机构和商业银行竞合演化规律提供了新方法

复杂网络演化博弈是近年来博弈领域出现的新方法，因其在刻画个体交互影响和异质性方面具有显著优越性，得到了学术界的广泛关注。目前复杂网络博弈在国际关系、产学研等方面已有较好的应用，而在有关第三方支付机构与商业银行的博弈方面还未见使用。考虑到第三方支付机构与商业银行群体内显著的个体异质性，本书尝试使用复杂网络博弈研究两类企业的竞合问题，为探究第三方支付机构与商业银行竞合的演化规律提供了新方法。

（2）构建多期双重差分模型，为考察第三方支付机构和商业银行竞合的绩效影响提供了新方法

多期双重差分模型常被用于评估某一事件或政策的作用效果。该方法通过建模有效控制了研究对象间的事前差异，极大程度上避免了内生性问题，受到越来越多学者的青睐。当前对于第三方支付机构和商业银

行竞合绩效的研究较少，本书通过构建多期双重差分模型，实证分析两者竞合对企业绩效的影响，为研究第三方支付机构与商业银行竞合的绩效影响提供了新方法。

1.1.2.2 现实意义

（1）厘清第三方支付机构与商业银行竞合的演化规律，有助于企业把握行业发展方向

探索第三方支付机构与商业银行竞合的演化路径，有助于企业把握行业发展动态，及时调整发展战略，为企业发展提供潜在助力。企业间合作的本质是谋求更大利益，经济利益是合作能够持续的基础。讨论合作收益、利益分配等因素对第三方支付机构与商业银行演化路径的影响，有助于企业遴选合作伙伴，拟订合理的利益分配方案，保障企业间合作的稳定性。

（2）明晰竞合对企业的绩效影响机理，有助于企业了解如何利用竞合战略提高绩效表现

绩效常被认为是企业战略选择的出发点和归宿。本书基于组织学习理论和长尾理论阐释了竞合对绩效的影响机理，并实证检验了竞合对企业绩效的影响，研究发现竞合有助于企业财务绩效的提升。该结论在肯定竞合策略实施价值的同时，也为企业决策竞合策略、思考如何利用竞合策略提高绩效表现提供了有益参考。

1.2 研究对象与目标

1.2.1 研究对象

第三方支付机构，是指取得中国人民银行颁发的《支付业务许可

证》，从事以支付为主要业务的非银行金融机构。其常见业务类型包括网络支付、银行卡收单等。经过多年的发展，第三方支付机构以支付为端口，逐渐拓展存贷、理财等金融服务，业务范围逐渐扩大（见表 1.1）。

表 1.1 第三方支付机构涉及的金融业务领域

业务领域	业务含义
支付清算	为客户收付款提供简易解决方案
贷款	使用机器学习技术和算法评估借款人的可靠性，并通过平台对客户进行点对点贷款
个人理财	帮助客户管理其账户资金和个人信用，推荐理财产品，协助其完成资产配置
保险	帮助客户购买医疗、财产等保险服务，简化保险购买流程
金融技术服务	对金融风险、信用评估等金融服务进行建模分析，可以为商业银行等金融机构提供系统的客户风险分析服务和技术安全服务

商业银行，主要指以经营存贷为主要业务，以营利为主要目标，具有信用中介功能的金融机构。其主要职能包括支付中介、信用中介、信用创造、金融服务四个方面。随着金融科技的发展，当前商业银行与其他金融机构的业务界限日渐模糊，为适应这一变化，商业银行也在积极推进业务转型，向更综合、全面的方向发展。

1.2.2 研究目标

第三方支付机构和商业银行作为我国金融行业最重要的参与者，其竞争合作不仅关乎企业自身效益，更会影响金融市场的稳定与发展。本书围绕两类企业的竞合展开，以期达到如下研究目的：①厘清第三方支付机构与商业银行竞合的驱动机理；②探索第三方支付机构与商业银行竞合的演化机理，透视异质企业在竞合中的不同表现；③明晰第三方支付机构与商业银行竞合对企业的绩效影响机理，评估竞合战略实施的价值。

1.3 研究逻辑和内容

1.3.1 逻辑结构

本书的研究主题是第三方支付机构与商业银行的竞合机理，以往有关竞合的研究较为分散。本特松和拉扎（Bengtsson & Raza, 2016）将竞合相关研究进行梳理整合，提出了竞合的系统性分析框架 DPO，即研究竞合应从前因（driver）—过程（process）—结果（outcome）顺序展开，探析第三方支付机构与商业银行的竞合机理，为企业选择经营策略、监管部门制定相关政策提供系统性参考依据。

1.3.2 研究内容

基于前面的分析层次，本书的核心研究内容主要包括以下四个方面。

（1）基于资源依赖理论和交易成本理论，研究第三方支付机构与商业银行竞合的驱动机理

第三方支付机构与商业银行由于拥有互补性的资源，出于自身发展的考虑会寻求与对方合作，从而达到补充资源、助推战略达成、降低成本的目的。本书从资源、战略、成本三个维度探讨了第三方支付机构与商业银行的竞合动机。基于翔实的理论分析，以商业银行作为研究对象，通过问卷调查的方法检验各动机对企业竞合行为的驱动作用，分析两类企业究竟出于何种动机建立竞合关系。

（2）基于演化博弈理论和复杂网络理论，研究第三方支付机构与商业银行竞合的演化机理

借鉴演化博弈理论的思想，阐述了影响第三方支付机构与商业银行

竞合演化的相关因素，并分析了两类企业竞合的演化逻辑。在理论分析的基础上，通过构建复杂网络演化博弈模型，对两群体策略的演化路径、稳定状态及相关影响因素进行仿真分析，以揭示两类企业竞合的演化规律。

（3）基于组织学习视角和长尾理论，研究第三方支付机构与商业银行竞合的绩效影响机理

从组织学习视角出发，探讨了第三方支付机构与商业银行合作后，企业间共享知识、资源流动对企业创新绩效的影响。同时基于长尾理论和资源依赖理论，讨论了两者竞合后共享业务渠道、客户资源对企业财务绩效的提升作用。在理论分析基础上，以商业银行作为研究对象，通过构建多期双重差分模型实证检验竞合对企业绩效的影响，探明竞合是否有助于企业的绩效表现。

1.4　研究方法与技术路线

1.4.1　研究方法

（1）文献研究法

在文献研究中，本书查阅、研读国内外有关竞合、第三方支付机构与商业银行竞合方面的相关文献。立足前人研究成果，抽丝剥茧明晰了第三方支付机构与商业银行的竞合历程。在把握理论发展轨迹的基础上确立了研究的理论观点，为本书的深入研究打下坚实基础。

（2）仿真模拟的方法

在第三方支付机构与商业银行竞合博弈的研究中，本书通过构建复杂网络博弈模型结合计算机仿真技术，根据竞合演化逻辑，模拟出策略的演化路径和方向，分析出不同因素对双方策略选择的影响。

（3）理论假设与实证结合的方法

在讨论竞合对绩效影响的分析中，本书采用了理论假设与实证相结合的方法。重视理论假设的推演逻辑，收集相关数据，选取合适方法，最终采用多期双重差分对数据进行检验，并根据实证结果获得相关结论。

1.4.2　技术路线

鉴于前述的分析层次，本书分 7 章呈现研究内容，技术路线如图 1.4所示。

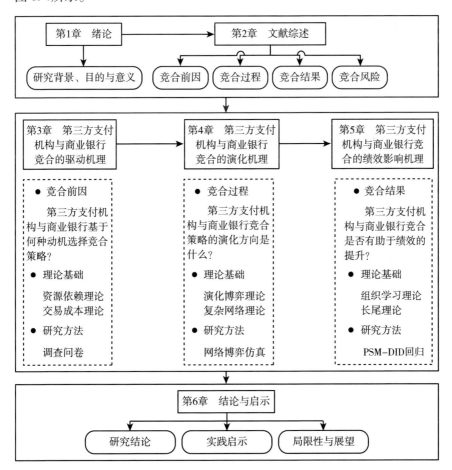

图 1.4　本书技术路线

1.5　主要创新点

本书以第三方支付机构与商业银行作为研究对象，从"前因—过程—结果"三个视角对两类企业的竞合机理进行剖析，不仅丰富了当前有关两类企业竞合的分析框架，也对企业选择合适的发展策略提供了借鉴参考。本书主要的创新之处体现在以下几个方面。

（1）厘清了第三方支付机构与商业银行竞合的动机，结合问卷调研数据实证分析了双方竞合的驱动机理

当前鲜有研究对第三方支付机构与商业银行竞合的原因进行讨论，有关竞合前因的一般性研究也多基于定性层面，这直接导致了目前对于第三方支付机构与商业银行竞合的形成原因没有较为统一的研究结论。

借鉴前人研究，结合第三方支付机构与商业银行的企业特征，本书将两者竞合的动机划分为资源动机、战略动机及成本动机三个维度，基于资源依赖理论和交易成本理论，阐释了各动机对企业竞合的驱动作用。之后，利用问卷调查法对此予以验证，研究探明了第三方支付机构与商业银行竞合的原因，克服了当前实证研究不足的问题。

（2）构建复杂网络演化博弈模型，揭示了第三方支付机构与商业银行竞合博弈的演化路径

当前有关第三方支付机构与商业银行演化规律的研究大多基于传统博弈模型，未能考虑企业个体的异质性。而现实情况表明我国第三方支付机构与商业银行具有鲜明的异质性，因此，有必要在模型中考虑个体的异质特点，优化现有研究方法。

本书基于演化博弈理论和复杂网络理论，深入分析第三方支付机构与商业银行竞合博弈中的收益和成本，讨论影响两者策略选择的相关因素，通过构建复杂网络博弈模型，清晰刻画第三方支付机构与银行间的

个体差异，对两者竞合的演化路径进行仿真分析，明晰各因素对两者演化过程的影响，是对现有研究方法的有益补充。

（3）构建多期双重差分模型，实证分析了第三方支付机构与商业银行竞合对绩效的影响效果

现有研究多认为第三方支付机构与商业银行建立竞合关系，有助于业务的发展和效益的提高；但现有研究多是定性讨论，还缺乏定量分析的有效支撑。

本书基于组织学习视角和长尾理论，深入阐释了竞合对企业绩效的影响。通过构建多期双重差分模型，不仅实证分析了竞合对企业绩效的影响，还讨论了这种影响的动态效应，是对现有研究的量化补充。

第2章

文献综述

本章从以下四个方面对现有相关文献进行研究并述评。①第三方支付机构与商业银行竞合的内涵；②第三方支付机构与商业银行竞合前因研究综述与述评；③第三方支付机构与商业银行竞合过程研究综述与述评；④第三方支付机构与商业银行竞合结果研究综述与述评。

2.1　第三方支付机构与商业银行竞合的内涵

纳尔波夫等（Nalebuff et al. , 1996）在其专著《竞合理论》（*Co-opetition*）中首次提出竞合的概念，将其定义为企业间既竞争又合作的复杂战略关系，指出竞合超越了以往竞争和合作的单调关系，通过合作实现更高级的竞争，又通过竞争实现更高级的合作，企业在双向作用中不断进步发展。随着研究的深入，学者们对于竞合的定义有了差异化的理解。一类是以竞争对手为分析单元，认为竞合是企业间一对一的、同时发生竞争合作关系的一种战略关系（Gnyawali & Park，2011）；另一类是以多企业参与的价值网络作为分析单元，认为竞合是价值网络中同时蕴含竞争合作的关系集合，其表现形式为各方竞争与合作关系的交互作用（Fernandez et al. , 2014）。

综合以上论述，本书认为第三方支付机构与商业银行的竞合关系更符合第一类观点，即两类企业原本在金融服务领域是竞争对手，为了寻求更好的发展，在部分价值活动中进行合作以获得持续性竞争力，形成一种竞争与合作共存的特殊战略关系（见图2.1）。

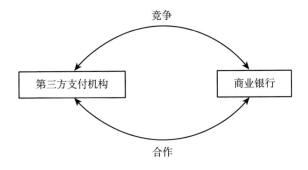

图 2.1　第三方支付机构与商业银行竞合的内涵

2.2　竞合前因的相关研究

2.2.1　企业间竞合前因的一般性研究

与竞合前因相关的一般性研究主要包括两类：一是从动机出发，考察动机对企业竞合行为的驱动作用；二是从影响因素出发，讨论相关因素对企业竞合的影响。

（1）动机对企业竞合行为的驱动作用

目前，针对竞合动机的研究较少，但有关企业间合作、联盟动机的驱动研究已相对成熟。总体来看，可以分为资源动机驱动、战略动机驱动和成本动机驱动三个方面。

① 资源动机。资源动机是企业合作驱动动机中出现较早、认可度较高的一种观点，主要是指企业为了获取自身所需资源而选择与外部企业进行合作。苏中锋等（2007）指出，当前市场竞争激烈，企业常会面临自身资源匮乏的压力，而由于时间紧迫，企业往往无法在短时间内获得所需资源。这时，与其他企业合作，成为企业满足自身资源需求的重要手段。一方面，企业通过合作可以快速有效获得所需资源；另一方面，与外界合作也降低了企业获取资源的成本，更具经济性（Madhok & Tallman, 1998）。因此，通过建立合作关系获得资源，已成为企业间合作的重要动机之一。

② 战略动机。战略动机主要指企业为了达到某种战略目的而选择与外部企业进行合作。其中，进行市场扩张、提高市场竞争力和影响力都是较为常见的企业战略目的。大量研究表明，市场扩张是驱动企业合作的重要动机之一。为了扩张现有市场，企业有动机在目标市场寻求合作伙伴。董和格莱斯特（Dong & Glaister, 2006）的研究指出，与具有影响

力、业务渠道和品牌效应的现有企业合作，有助于企业进入新市场，快速增加市场份额。同时，在现有环境下企业仅靠自身资源难以维持竞争优势，与外部企业合作有助于企业竞争力的提升。

③ 成本动机。成本动机主要指企业为了降低自身成本而寻求外部合作。企业间合作的重要目的是通过合作达到降低成本、分摊费用效果。一方面，合作可以帮助企业实现规模经济，降低单位成本。另一方面，对于技术变化较快的行业而言，合作有助于研发成本的降低和研发效率的提高。博纳科西和皮卡卢加（Bonaccorsi & Piccaluga，1994）的研究指出，参与合作的各方可以通过规模化生产分摊设备使用费，降低生产成本。同时各方还可以通过合作共同承担研发任务，降低技术研发风险和研发成本。

（2）影响企业竞合的相关因素

邦肯等（Bouncken et al.，2015）首次将影响企业竞合的因素归结为三类：内部因素、外部因素及关系因素。本书也遵循这一分类对竞合影响因素的相关研究进行总结。

① 内部因素。内部因素主要指因企业自身原因产生竞合需求的相关因素，主要包括资源禀赋、战略、感知风险及经验。首先是资源禀赋，企业拥有的资源和能力会影响其对合作伙伴及策略的选择。现有研究表明，大多数企业与竞争对手建立合作关系，是希望从竞争对手处获取一定的资源和能力（Osarenkhoe，2010），特别是这一资源企业无法在短期内获得时（Mascia et al.，2012；Gnyawali & Park，2009）。现有研究将这一现象解释为，大多数企业认为从外界获取的互补性、独特性资源能够有力提升企业自身价值（Gnyawali et al.，2016）。其次是战略，当企业意识到建立竞合关系能够帮助其实现战略目标时，会倾向于选择竞合策略。里塔拉等（Ritala et al.，2015）认为，企业为了自身长远战略，会主动寻找互补性伙伴，弥补自身短板。刘等（Liu et al.，2014）认为企业为了拓展市场空间，将会倾向于与对手企业建立合作关系。再次是感

知风险，当企业为了降低或规避风险时，也会有意识地与竞争对手建立竞合关系。周杰等（2017）认为，当企业业绩不佳或有新竞争对手进入市场时，会倾向于通过建立竞合关系提升自身竞争力。最后是经验，以往的竞合成功经验对企业建立竞合关系有着重要影响。邦肯和菲德烈（Bouncken & Fredrich，2012）通过实证研究发现，企业以往的合作经验对企业间竞合关系的建立具有显著正向影响。帕塔克等（Pathak et al.，2014）的研究认为，竞合关系对创新绩效有着积极影响，而以往的竞合经验能够起到正向调节作用。

② 外部因素。外部因素主要指因外部原因而产生竞合需求的相关因素，包括政策环境、市场环境及技术环境等。首先是政策环境，多数学者认为监管政策是影响竞合的重要因素，并将其解释为，政策的改变会给市场带来一定的不确定性，企业为了规避风险，会倾向于与对手建立合作关系。另外，政策改变往往意味着行业结构和商业模式的改变，因此企业有动力与其他企业合作，减轻自身探索新模式的风险（Daidj & Jung，2011）。其次是市场环境，市场环境的变化被认为是影响企业竞合的另一个重要因素。市场的不确定性会促使企业采取竞合策略（Dowling et al.，1996）。特别是中小企业，为了应对市场环境的快速变动，会倾向于建立竞合关系以提升自身的抗风险能力（Bengtsson & Johansson，2014）。最后是技术环境，随着产品生命周期的缩短、创新难度的不断加大，企业对技术整合和知识创新的需求增强。技术的复杂性和多变性逐渐成为企业竞合的重要原因。面对快速变化的消费者需求，竞合不仅能在短时间内帮助企业获得互补的关键技术资源，更能加快技术研发的步伐、降低研发成本、提高研发成功的概率、增强企业的反应能力。另外，在技术环境变化较快的行业中，强势企业往往需要与外部建立竞合关系，以维持自身技术优势。豪斯肯（Hausken，2000）的研究也发现竞争企业间的合作有助于企业间的相互学习，有效降低双方的创新成本、增加合作群体的总收益。

③ 关系因素。关系因素主要是指企业间关系对竞合策略选择的影响，包括伙伴特征、关系特征等。企业间的关系会极大影响合作目标的实现，因此，相互信任、相互依存、地位对等的企业间更容易达成竞合关系（周杰等，2017；Mantena & Saha，2012）。

2.2.2 第三方支付机构与商业银行竞合前因的针对性研究

目前，涉及第三方支付机构与商业银行竞合前因的直接研究成果较少，相关间接研究主要围绕支付市场中各参与主体间的关系和第三方支付对商业银行的影响展开。

（1）支付市场各参与主体间的关系

随着智能手机的发展，互联网用户的上网模式从电脑端转至手机端，互联网公司的"战场"也随之转移。"PayPal"的出现使得国内外企业和学者关注到了第三方支付的价值。与传统支付不同，第三方支付打破了时间和空间的限制，消费者可以在任意地点和时间与卖家进行交易。支付过程全程无须找零和签字的便捷体验，帮助第三方支付快速获得大量客户资源，成功介入支付市场。针对这一现象，学者们对支付市场各方的关系进行了研究。达尔伯格等（Dahlberg et al.，2008）提出了一个理论框架，认为第三方支付市场主要包括金融机构、消费者及相关经济、商业和技术部门。海德曼等的系列研究总结了第三方支付与传统支付供应商在市场中的关系，指出第三方支付市场中多样化的商业模式直接导致了各利益相关者间的关系十分复杂（Hedman & Henningsson，2015，2012）。刘等（Liu et al.，2015）认为支付市场中各利益相关者间的合作、竞争均会对支付市场产生重要影响。兹米耶夫斯卡等（Zmijewska et al.，2005）从利益相关者、监管、商业模式等视角分析指出，第三方支付市场的各参与主体具有较强的交互影响。昂德鲁斯等（Ondrus et al.，2015，2012，2009，2006，2005）的系列研究分析了第三方支付如何与消费者建立关系、如何盈利、各参与者如何竞争等具体问题。通过一系列案例分析，该课题组对不同第三方支付市场的推广策略进行了总结，同时指出战略、技术和用户数量是决定第三方支付能够推广成功的关键因素。斯塔科娃和达姆斯高（Staykova & Damsgaard，2015）分析了第三方支付平台的最佳进入时机和扩张策略，并以微信为例，分析了多功能平台捆绑对支付平台的推广作用。卡赞等（Kazan et al.，2018，2014）的系列研究表明，第三方支付需结合相应的平台进行推广。陶虎等（2017）指出随着第三方支付的普及，第三方支付机构不仅改变了原价值网络，也改变了消费者的消费习惯。在企业合作竞争模式方面，奥兹坎和桑托斯（Ozcan & Santos，2015）的研究发现，第三方支付需要不同行业的企业合作开展，而各企业间的利益分配是决定合作能否持久的关键因素。类似地，德鲁弗等（De Reuver et al.，2015）发现商业银行与网络运营商在战略目标和利益上的差异直接导致了荷兰第三方支付平台的解体。而更多的学者认为，第三方支付的各利益相关者间缺乏协作和标准化规则，难以形成稳定合作（Silic et al.，2014；Gaur et al.，2014；Apanasevic，2013）。

（2）第三方支付机构对商业银行的影响研究

随着第三方支付机构的发展，金融服务的数字化转型加快，客户消费行为和需求发生了根本性变化。银行作为金融服务商，其业务模式也不断改造升级（Veit et al.，2014）。不可否认，第三方支付机构为金融市场创造了可观的价值（Chen et al.，2019；Ma & Liu，2017），随着第三方支付机构发展规模的扩大，其业务已逐渐渗透进商业银行传统业务的各个领域，对商业银行的资产业务、负债业务和中间业务均产生了较大影响。

第三方支付机构对银行资产业务的影响主要体现在信贷方面。金融科技一方面有利于银行间的信息共享，降低了中小企业贷款和个人消费贷款的获取难度（Berger et al.，2004）；另一方面改变了商业银行资产结构，抑制了贷款业务的发展（刘澜飚等，2013）。拉文和莱文（Laeven & Levine，2009）的研究发现，通过网络进行贷款的利率通常低于商业银行，同时网络贷款审核时间短、门槛低等优势吸引了大量资金需求者。富斯特等（Fuster et al.，2019）认为第三方支付机构提高了抵押贷款的效率，较之商业银行其在处理贷款的速度方面有着较大优势。达库恩托等（D'Acunto et al.，2019）的研究指出，第三方支付机构可以较好地追踪消费者行为，为放贷提供更多元化和准确的评估数据。

第三方支付机构对银行负债业务的影响主要体现在存款和备付金方面。陈嘉欣和王健康（2016）实证检验了余额宝对商业银行存款业务的影响。结果表明，余额宝类理财业务的上线对商业银行的存款产生了显著负面影响。邱晗等（2018）着重分析了金融科技发展对传统商业银行的影响，研究结果表明金融科技的发展改变了商业银行的负债结构，增强了商业银行负债端对同业拆借等批发性资金的依赖性。

第三方支付机构对银行中间业务的影响主要体现在支付结算和理财代销业务。支付方式的改变使用户对银行卡、现金的需求量骤降，商业银行支付结算业务受到较大冲击（邱晗等，2018）。同时，第三方支付平台开启代销理财基金等业务后，商业银行的代销渠道也面临一定挑战。

另外，部分学者的研究表明，第三方支付机构对商业银行的盈利能力和利润结构也产生了重要影响。林章悦等（2015）指出互联网金融给商业银行的利润结构带来了较大冲击。在之后的研究中，刘忠璐和林章悦（2016）以中国银行为样本，利用商业银行财务数据对此展开了实证分析。研究结果表明，互联网金融的发展显著降低了商业银行的盈利能力，并倒逼其调整盈利模式，推动了商业银行业务的多元发展。此外，在面对外部冲击时，商业银行在经营稳定、资本配置效率（张庆君和刘靖，2017）等方面表现出了显著的异质性（吴迪，2018；

Costa & Martínez，2018）。王巍和史永东（2017）的研究也发现金融科技企业对商业银行的影响存在门槛效应，只有高于门槛值的金融科技企业可以对商业银行产生影响。

2.2.3　文献述评

有关竞合前因研究的分析框架主要有两种。一是考察动机对企业行为的驱动作用，主要包括资源动机驱动、战略动机驱动和成本动机驱动。二是考虑影响竞合的相关因素，主要包括内部因素、外部因素和关系因素。其中内部因素主要指资源禀赋、战略、感知风险及经验；外部因素主要指政策环境、市场环境及技术环境；关系因素主要指伙伴特征、关系特征等。而关于第三方支付机构与商业银行的竞合前因研究很少有直接可参考的成果，仅有部分关于支付市场中企业关系和第三方支付机构对商业银行影响的间接成果。

第三方支付机构与商业银行竞合前因现有研究中主要存在着两点不足：①现有成果鲜少讨论第三方支付机构与商业银行竞合的原因，对于两者竞合原因的关注不够。②缺乏定量支撑。即使是竞合的一般性研究中，有关竞合前因的讨论也多基于定性层面，缺乏量化支持。

针对这两个问题，本书在前人研究基础上所做的主要工作是：①理论分析了第三方支付机构与商业银行竞合的动机。结合两类企业的实际情况，本书以资源依赖理论和交易成本理论为基础，对第三方支付机构与商业银行竞合的动机进行了理论分析并形成初步研究框架。②利用问卷调查法实证研究了第三方支付机构与商业银行竞合的驱动机理。本书借鉴前人的相关研究，通过问卷调研验证了各类动机对企业竞合的驱动作用，明晰了第三方支付机构与商业银行竞合的主要原因。

2.3 竞合过程的相关研究

2.3.1 企业间竞合过程的一般性研究

企业间的关系不是一成不变的，随着企业自身条件和环境的变化，企业间的竞合关系也处于动态变化中。针对这一现象，学者们就竞合关系的演化过程进行了深入分析，以期理清竞合关系演化过程的动态规律。目前有关竞合过程的研究多基于两方面：一是竞合关系的动态性；二是应用博弈论对竞合过程的演化进行分析。

（1）竞合关系的动态性

现有研究表明，企业间的战略关系可能因利益的增加或减少发生改变，当合作利益减少时，企业的合作意愿会降低；而当合作利益增加时，企业的合作意愿会升高。达尔（Dahl，2014）对竞合过程中的不稳定性进行了研究，指出竞合过程的不稳定性主要来自两个方面：一是企业自身意愿的改变；二是企业间的矛盾导致了竞合关系的破裂。威廉姆森等（Williamson et al.，2019，2016，2012）的系列研究指出，产业和环境的快速变化，要求企业必须不断调整与其他企业间的竞合关系，而这种动态调整有助于企业形成持续性的竞争优势。

（2）博弈论在竞合过程方面的应用

纳尔波夫等（Nalebuff et al.，1996）率先将博弈论用于解释竞合的相关问题，其研究明确指出，企业需要靠改变博弈规则和博弈范围实现最优竞合战略。现今的学者，更多将竞合视为一种双赢的战略，运用博弈论探索企业竞合行为的演化规律。王维艳（2018）基于演化博弈论构建双重演化博弈模型，揭示了旅游景区竞合行为的演变规律，指出旅游景区中的企业在完全市场条件下不存在一个稳定策略，违约惩罚和门票收入是影响企业竞合演变的关键。赖成寿等（2018）运用博弈模型探究了港口竞合行为的演化规律，发现港口的演化稳定策略和演化路径具有不确定性，合作收益、违约金、合作成本等因素均会对港口竞合的演化产生影响。

2.3.2 第三方支付机构与商业银行竞合过程的针对性研究

当前越来越多的银行从业者已经意识到，商业银行面临着创新能力弱、产品创新周期长等诸多问题，亟须与金融科技企业合作以重塑竞争优势。在一项针对金融服务业高管的调查中，有80%的参与者表示在开展新业务时愿意与外部创新型企业进行合作（Acar & Citak，2019；Tornjanski et al.，2017，2015）。由于第三方支付机构的优势与商业银行的劣势有着较强的互补性，越来越多的商业银行开始将第三方支付机构视为合作者而非破坏者（Arner et al.，2016）。

在竞合关系方面，董昀和李鑫（2014）将第三方支付机构与商业银行的竞合关系解读为第三方支付机构的发展离不开商业银行，合作关系已存在于两者之间，然而利益冲突使得两者在业务方面的竞争无可避免。封思贤和郭仁静（2019）认为第三方支付机构的快速发展分流了商业银行的客户资源，竞争不可避免。孙少岩和张亮（2015）在充分分析两者优势的基础上，构建了商业银行和第三方支付机构的竞合模型，得出商业银行应摒弃传统的"规模冲动"和"速度情结"，与第三方支付机构合作加快创新转型的结论。陆敬筠和王绍东（2014）通过构建第三方支付机构与商业银行的演化博弈模型，分析双方竞合中的利益关系。认为当前第三方支付机构与商业银行的不良竞争影响了用户体验，也阻碍了互联网金融的发展，合作共赢是对双方均有利的战略选择。单纯（2016）利用三阶段Hotelling模型研究了第三方支付机构与商业银行的竞合博弈问题，指出两者应在不同发展阶段选择不同发展策略。

在合作模式方面，现有研究认为商业银行在客户保障方面具有显著优势，第三方支付机构在计算机处理、客户信息分析等技术方面更为擅长，优势的互补性为两类企业带来了巨大的合作空间。王光远（2015）认为商业银行应主动寻求与第三方支付机构的合作，以实现产品、服务与互联网的深度融合。谢治春等（2018）的研究则发现不同银行可以根据自身战略需要决策是否与第三方支付机构开展合作。谢泗薪和张志博（2016）从服务经济的视角对金融科技服务的发展进行剖析，认为中国银行应借鉴美国硅谷银行的发展模式，整合各地区资源，与第三方支付机构形成多方合作，搭建金融科技服务综合大平台，实现区域经济一体化。何师元（2015）认为第三方支付机构拥有大量中小企业和个人客户的真实交易数据，商业银行可以借助第三方支付机构的数据资源进行信用评估。

2.3.3 文献述评

有关竞合过程的一般性研究多基于博弈论分析企业竞合的演变路径和方向；而有关第三方支付机构与商业银行竞合的研究，则多通过建立演化博弈模型分析两类企业竞合策略的演化过程。学者们普遍认为第三方支付机构的发展对商业银行有利有弊，两类企业既有合作空间也有竞争存在。

第三方支付机构与商业银行竞合过程的现有研究中主要存在两点不足：①忽视了第三方支付机构与商业银行的个体异质性。现有研究多基于传统博弈模型展开，在传统演化博弈模型中，个体是同质的。然而我国第三方支付机构和商业银行具有显著的异质性，各企业间资金实力、创新能力均具有较大差异。忽视异质性的存在可能导致结果的估计偏差。②博弈支付矩阵设计的主观性较强。当前第三方支付机构与商业银行博弈支付矩阵的设计多基于主观设定，对于各策略的收益缺乏情景化考虑。

针对这两个问题，本书在前人研究基础上做的主要工作有：①引入复杂网络博弈方法，分析了第三方支付机构与商业银行竞合的演化规律。网络博弈可以较好地弥补前面提到的第一点不足，通过网络节点和网络结构的差异设置，可以较好地反映出第三方支付机构与商业银行的个体差异，模拟出第三方支付机构与商业银行个体异质性的特点。②基于收入结构设置博弈支付矩阵。本书采用独特视角，以第三方支付机构与商业银行的收入结构作为博弈支付矩阵的设计基础，并引入部分财务数据驱动仿真，力求仿真结果更贴近两类企业的真实市场情况。

2.4　竞合结果的相关研究

2.4.1　企业间竞合结果的一般性研究

竞合的结果主要指企业通过竞合实现的效益或竞争优势，目前该方面的研究主要集中于分析竞合对企业绩效的影响（Mantena & Saha，2012）。

（1）竞合对财务绩效的影响

现有研究多认为，企业间竞合有助于提升财务绩效。纳尔波夫等（Nalebuff et al.，1996）指出企业间建立竞合关系的主要动力是扩大市场份额、提高绩效、实现双赢。齐内尔丁（Zineldin，2004）认为，良好的竞合关系能够为双方企业带来较高的附加值。赛尼奥等（Sainio et al.，2014，2012）的研究表明，在不确定环境下，竞合关系的建立有助于提升企业市场份额，并指出亚马逊公司成功应用竞合策略提升了企业绩效。

（2）竞合对创新绩效的影响

关于竞合对创新绩效具有何种影响，目前学术界尚未有一致结论。

部分学者认为，竞合关系的建立对企业创新绩效有着正向影响（Wu，2014），也有研究发现竞合容易导致知识泄露，从而对创新绩效产生显著负面影响（Bouncken & Kraus，2013）。龙格等（Runge et al.，2019）的研究表明，竞合伙伴间的竞争程度与企业创新绩效呈"U"形关系。费尔南德斯等（Fernandes et al.，2019）指出竞合对企业的创新绩效和创新活动具有显著正向影响。埃斯特拉达等（Estrada et al.，2016）的研究表明，只有存在知识保护机制，竞争对手间的合作才会对创新绩效产生显著正向影响。刘等（Liu et al.，2014）的研究表明，企业间竞合有助于知识共享效率的提高。邦肯等（Bouncken et al.，2018，2016）的系列研究也表明，企业采用竞合策略对其创新绩效有着显著正向影响。

2.4.2　第三方支付机构与商业银行竞合结果的针对性研究

目前，关于第三方支付机构与商业银行竞合结果的直接研究较少，但可以找到部分第三方支付机构、金融科技对银行绩效影响的间接研究。

（1）第三方支付机构推动商业银行科技化转型，提高商业银行服务质量和效率

现有研究普遍认为，第三方支付机构的出现将互联网技术引入金融领域，改变了原有的金融服务模式（Gabor & Brooks，2017；Szpringer，2016；Deyoung，2005），推动了银行的科技化转型，提升了银行的服务质量和效率（Gomber et al.，2017；Chiu，2016）。伯杰（Berger，2003）讨论了信息技术对商业银行服务效率和消费者福利的影响，指出互联网技术帮助商业银行为消费者提供了更多个性化服务，提高了商业银行的服务质量。随着市场的不断扩大，第三方支付机构应用新技术和新概念为金融产品创造了更多附加价值（Buckley & Webster，2016；Hemmadi，2015）。博丰迪和戈比（Bofondi & Gobbi，2017）认为第三方支付机构的

出现，为金融领域引了新产品、新模式和新参与者，推动了银行业务的升级发展。斯科特等（Scott et al.，2017）以 29 个国家和地区的 6848 家商业银行为研究对象，发现金融科技对商业银行的长期绩效有着积极影响。巴尔贝西诺等（Barbesino et al.，2005）认为互联网金融渠道是银行业务渠道的有效补充，因此与第三方支付机构合作对商业银行具有积极意义。厄齐利（Ozili，2018）认为以第三方支付机构为代表的金融科技企业对传统金融有利有弊，有利的方面体现为第三方支付机构的科技技术可以帮助商业银行降低放贷成本、分析用户习惯，不利的方面则是两者在同类型业务上的竞争加剧。马拉迪（Malady，2016）指出第三方支付机构与商业银行共享数据资源，有助于数据风险的降低，提高贷款质量。贾格蒂亚尼和勒米厄（Jagtiani & Lemieux，2018）认为第三方支付机构的出现将金融业务的服务边界进一步扩大，银行与之合作有助于客户资源的开拓。艾纳夫等（Einav et al.，2013）和莫尔斯（Morse，2015）的研究均指出第三方支付机构所捕获的用户信息可以有效弥补商业银行在用户信息获取方面的不足，减少贷款中的信息不对称问题，提高放贷效率。

（2）商业银行引入金融科技，有助于服务成本的降低和绩效的提高

萨菲娜等（Safeena et al.，2014）研究发现，商业银行引入金融科技能够在交易成本、服务质量、业务结构等方面得到优化。菲利蓬（Philippon，2015）认为，在过去的 130 年中，美国金融中介的单位成本一直保持在 2% 左右，而商业银行引入金融科技可以有效降低服务成本、改善消费者福利。布特（Boot，2017）认为金融科技的深化对银行业产生了巨大影响，不仅改变了商业银行的业务模式，更改变了商业银行与客户间的交互方式，为商业银行改善成本效率提供了新手段。胡和谢（Hu & Xie，2016）实证分析了互联网服务对银行绩效的影响，结果表明商业银行提供在线服务对其自身绩效有着积极影响。类似地，贝克等（Beck et al.，2016）指出金融创新对商业银行的业绩表现产生了积极影

响。郑志来（2015）的研究发现，互联网金融在满足长尾客户、解决信息不对称及大数据预测方面具有明显优势。因此，与第三方支付机构合作将会对商业银行的绩效起到明显改善作用。

2.4.3 文献述评

有关竞合结果的一般性研究主要涉及财务绩效和创新绩效两大方面，这为本书后续的实证研究提供了方向。目前，有关第三方支付机构与商业银行竞合结果的研究还较少，相关间接研究主要集中于两个方面：一是第三方支付机构推动商业银行科技化转型，提高了商业银行的服务质量和效率；二是商业银行引入金融科技，有助于服务成本的降低和绩效的提高。

第三方支付机构与商业银行竞合绩效的现有研究主要存在两点不足：①目前鲜有文献提及第三方支付机构与商业银行竞合的结果，较少关注第三方支付机构与商业银行竞合是否对绩效产生了影响。出现这一现象的原因可能是当前第三方支付机构与商业银行合作时间较短，而从合作到产生绩效需要一定的时间，因而相关研究成果较少。②缺乏实际数据支撑。在间接成果中，许多学者认为第三方支付机构与商业银行竞合有助于业务渠道的扩展、客户资源的丰富及成本的降低。但这部分研究目前多为定性研究，缺乏实际数据支撑。

针对这两个问题，本书在前人研究基础上做的主要工作有：①以资源依赖理论、组织学习为理论基础，对第三方支付机构与商业银行竞合的绩效影响进行理论推演。②构建多期双重差分模型，实证考察第三方支付机构与商业银行竞合对绩效的影响。由于目前涉及第三方支付机构与商业银行竞合结果的研究缺乏直接成果，本书在充分参考和借鉴其他行业相关研究的基础上，构建多期双重差分模型，对第三方支付机构与商业银行竞合的绩效影响进行实证研究。

第3章

第三方支付机构
与商业银行竞合的驱动机理

本章研究聚焦于第三方支付机构与商业银行竞合的前因——驱动机理。第三方支付机构与商业银行是金融行业的核心竞争主体，但近年来双方频繁签署战略合作协议，建立竞合关系。是什么原因驱动它们改变原有策略形成战略合作？本章详细考察了双方竞合的驱动机理，以透视两类企业改变发展策略的根本原因。

3.1　竞合驱动的理论基础与研究假设

3.1.1　理论基础

（1）资源依赖理论

在组织管理理论的发展过程中，学术界经历了由封闭转为开放的研究轨迹。在早期的研究中，学者们将组织视为一个独立的封闭系统（吴小节等，2015）。以组织内部的规则、激励方式作为研究的主要内容，几乎不考虑外部因素对组织运行的影响。其中最为著名的研究包括马斯洛（Maslow）的激励理论、法约尔（Fayol）的管理研究过程等。直至20世纪70年代，随着外部生态、经济、技术等环境不确定性的增强，组织管理逐步迈入"开放式系统研究"。研究视角逐渐转变为组织必须与外部环境相互作用才能生存和发展。这类研究着重强调了环境对组织行为的影响，以及组织与环境间的互动关系，并逐步衍生出了种群生态学、演化理论学派及资源学派等相关研究方向。

1978年，菲佛和萨兰基克（Pfeffer & Salancik，2003）合著出版的专著《组织的外部控制：资源依赖视角》（*The external control of organizations：A resource dependence perspective*）极大丰富了资源依赖理论的研究。资源依赖理论不仅认为组织需要主动适应外部环境，更强调组织可以利用自身优势主动引导甚至控制外部环境，而不是一味被动地被环境影响。资源依赖理论蕴含四个基本假设：一是没有一个组织可以独立生产所需要的所有资源，因此，为了生存组织必须通过环境从外部获取一定的资源帮助。二是组织对外部资源的需求形成了组织对外部环境的依赖性，资源的稀缺程度和重要性决定了组织对外部环境的依赖程度。三是组织需要不断与外部环境交互以促进自身发展，而与外部交换者的交往谈判能力决定了组织的生存机会。由于资源获取具有一定的不确定性，组织需不断调整内部结构和行为模式，以便最小化外部依赖从而保证自身持续发展。四是组织可以运用多种方式来处理资源依赖问题，如与外部组织合作或通过非市场战略活动来控制外部环境等（Davis & Cobb，2010）。

对于第三方支付机构和商业银行而言，双方资源具有明显的互补性。第三方支付机构多具有互联网背景，相比商业银行拥有更强的技术能力。同时，经过多年发展，第三方支付机构依托成熟平台，拥有较多客户群体，积累了一定的客户资源。而商业银行作为传统金融机构，资金实力和金融服务经验是其核心优势资源。两类企业作为支付市场中的核心主体，通过资源共享可以在短时间内获得自身所需的关键资源，对现有业务渠道和客户群体予以补充，促进企业发展。

（2）交易成本理论

1937 年，科斯（Coase，1991）在其出版的《企业的性质》（*The nature of the firm*）中提出了交易成本的概念，指出当市场以价格机制配置资源时会产生一定的成本，而这部分成本就是交易成本。同时，科斯在运用这一理论解释企业存在的意义时提出，企业通过内部运行取代了市场中的交易成本，通过节约交易费用成为市场中的重要运行单位，是调节市场资源配置的重要角色。虽然企业的出现为市场节省了交易成本，但企业自身运行也带来了一定的损耗，企业的边界取决于边际市场交易成本和边际企业组织成本的均衡。

科斯没有对交易成本进行细致划分，在他的启示下，威廉姆森（Williamson，1979）对交易成本理论进行了完善和发展，将交易成本区分为事前交易成本和事后交易成本。事前交易成本指在完成交易前，为了减少交易双方对未来不确定性的担忧，明确双方义务与责任所花费的代价。主要包括寻找交易对象和商品信息、与交易对象信息交换及议价谈判、签订合约所消耗的成本。其中寻找交易对象和商品信息的费用主要是指企业在提供服务时，需要寻找合适的买家，同时还需对买家和商品进行匹配，这一系列过程需要付出一定的代价。与交易对象信息交换及议价谈判的成本主要是指，在匹配到合适的产品和买家后，企业需要进行议价谈判以降低自身的费用，这一过程会消耗部分成本。签订合约所付出的成本主要是指，企业需要花费一定的代价去制定合适的契约，以保证自身的利益、明确各方的义务与责任。而事后交易成本主要是指因不能履行和适应契约而导致的花费及监督费用。其中，不能履行合约的成本主要是指，企业因未能按时交付或不再想履行已签契约所导致的额外花费。由于企业在合作前一般会签订具有法律效力的契约文件，因此一旦一方未能按约履行，另一方有权要求其进行赔付。监督成本主要是指，企业在履行合约的过程中，为监督双方是否履行契约而额外付出的费用。

第三方支付机构和商业银行作为金融服务的提供商，其交易成本的大小对企业运行至关重要。第三方支付机构凭借现代信息技术为降低金融服务的交易成本提供了新手段。在互联网情境下，信息收集成本、信用评价成本及签约成本都有所下降。两类企业通过合作互补征信信息和监控手段，不仅有利于交易成本的进一步降低，更有助于企业成本效率的改善。

3.1.2　研究假设

从第2章的总结可以看出，目前有关竞合前因的研究主要包括两类：一是考察企业动机对行为的驱动作用；二是讨论各因素对企业竞合行为的影响。考虑数据的可获得性，本书采用第一种分析框架，即通过分析第三方支付机构与商业银行竞合动机对其行为的影响来解析两类企业竞合的驱动机理。

（1）相关概念与研究维度

一是竞合动机的概念与研究维度。动机是激发有机体行动，并导向目标的驱动力。竞合动机主要是指竞争企业间进行合作的目的和出发点。比尔等（Beer et al., 1990）指出，当前寻求外部合作成为企业保持竞争优势的重要手段，而合作动机是企业寻求合作的先决条件。因此明确第三方支付机构与商业银行企业的竞合动机对理解两者竞合关系的形成具有重要的实践意义。

目前有关竞合动机的研究较少，本书借用企业间合作动机的相关研究确定第三方支付机构与商业银行竞合动机的核心维度。哈格多恩（Hagedoorn, 1993）将企业间合作的动机归纳为三个维度——研发动机、学习动机及战略动机。其中研发动机主要是指企业希望通过合作增强技术的协同效应，弱化研发的不确定性；学习动机主要包含，通过合作学习对方的隐性知识，增强自身捕捉技术的能力；战略动机主要是指企业通过合作实现自身战略目的。麦卡琴和斯瓦米达斯（McCutchen & Swamidass, 2004）将企业间合作的动机总结为四个维度——战略动机、协同动机、成本动机及模仿动机。其中战略动机主要是指企业希望通过合作实现提高市场地位、增强盈利能力等战略目的；协同动机主要是指企业希望通过合作共同提供产品；成本动机主要是指企业希望通过合作最小化生产、营销、监管等成本；模拟动机主要是指企业希望通过合作跟随市场领导者的步伐，模仿成功企业的策略。尼尔森（Nielsen, 2003）将企业合作动机概括为五个维度，分别是创新动机、市场扩张动机、市场防御动机、技术变革动机及市场控制动机。其中创新动机主要是指企业希望通过合作提高创新效率；市场扩张动机主要是指通过合作获得更大的市场；市场防御动机主要是指企业希望通过合作维持自身市场地位；技术变革动机主要是指企业希望通过合作变革行业技术；市场控制动机主要是指企业希望通过合作增强其在市场中的控制力。

综合上述文献观点和本书的研究问题，本书认为第三方支付机构与商业银行竞合的动机主要包括三个维度：资源动机、战略动机及成本动机。选择这三个维度的原因主要是尼尔森（Nielsen, 2003）所提出的市场扩张动机、市场防御动机及市场控制动机其本质含义上是一种战略导向，可以囊括进战略动机。而哈格多恩（Hagedoorn, 1993）提出的研发动机、学习动机及麦卡琴和斯瓦米达斯（2004）提出的协同动机，其本质都是通过合作实现资源互补，增强自身能力，可以通过资源动机维度来体现。因此，整体而言，资源动机、战略动机及成本动机可以较好地体现第三方支付机构与商业银行竞合的动机。其中，资源动机主要是指第三方支付机构与商业银行希望通过合作实现资源互补，而战略动机主要是指两者希望通过合作实现自身战略目的，成本动机主要是指两者希望通过合作降低自身运营成本。在后续研究中本书还将对此进行深入分析。

二是竞合行为的概念与研究维度。随着全球经济的不断发展，企业间的合作日渐频繁，学者们试图探究企业间的合作动机是什么，并逐步将合作行为纳入分析模型，考察是什么动机驱动了企业间的合作行为（Jeffries & Becker, 2008）。行为指有机体在内外部刺激下产生的活动（Kapmeier, 2003），而企业间的竞合行为主要指企业选择竞合策略的行为表现。

目前有关竞合行为的研究较少，本书借鉴一般企业合作行为的相关研究对其研究维度进行刻画。奥托和理查德森（Otto & Richardson, 2004）认为企业的合作行为主要体现在对知识资源的投入。威廉姆森（1987）认为企业合作行为主要体现在所花费的时间精力及资金投入。劳尔森和索尔特（Laursen & Salter, 2006）认为合作行为应从对合作的人员配置、资金投入、资源开放程度及重视程度来体现。

综合学者们对合作行为的不同理解，本书认为第三方支付机构与商业银行间的竞合行为主要表现在各类资源的投入。结合第三方支付机构与商业银行的实际情况来看，两类竞争企业在合作中最重要的投入是资金、技术及人员方面的投入。资金投入主要体现在金融服务业务和金融科技发展需要大量的资金支持，而技术方面的投入主要表现在当前许多金融服务基于互联网技术开展，需要强大的技术支撑。人员的配备是合作落实的关键，第三方支付机构与商业银行的合作需要大量金融科技人员的对接，双方投入足够的人力是合作可以落实的前提。

（2）竞合动机对竞合行为的影响分析

前面确定了第三方支付机构与商业银行的竞合动机主要包括三个核心维度——资源动机、战略动机及成本动机。下面借鉴相关理论，逐一分析这三个动机如何影响第三方支付机构与商业银行的竞合行为。

一是资源动机对竞合行为的影响。资源依赖理论强调企业需要从外部汲取自身不具备的互补资源以维持生存发展。该理论认为企业拥有的资源往往有限，而企业发展所需的资源较多。因此，当企业感到自身资源缺乏而时间又较为紧迫时，会倾向于通过与外界合作，利用其他企业的资源来满足自身需要。部分学者的研究也指出企业拥有的资源和能力会在极大程度上影响企业合作伙伴的选择。当竞争对手的资源具有互补性和短期不可获得性时，企业会有较强意愿与其发展成为竞合关系（Mascia et al.，2012）。

结合本书的研究对象来看。对于第三方支付机构而言，现有研究表明卓越的技术能力和庞大的客户基础是第三方支付机构的核心优势（Liébana-Cabanillas et al.，2018；Johnson et al.，2018；彭泽余等，2018；Cocosila & Trabelsi，2017，2016），而过高的资金杠杆和技术风险是第三方支付机构目前经营面临的重要问题（Matemba & Li，2018；封思贤和袁圣兰，2018；Daştan & Gürler，2016；Guo et al.，2015）。对于商业银行而言，雄厚的资金实力和风险管理经验是商业银行的核心优势，而较弱的技术背景使其在金融科技转型中遇到前所未有的困境（郭品和沈悦，2019；刘冲等，2019）。2020 年支付清算协会的调查报告进一步支持了这一结论。报告指出 91.49% 的商业银行通过与外部机构合作开展金融科技业务，70.90% 的第三方支付机构依靠自身内部孵化开展金融科技业务，体现出了商业银行较弱的技术实力。同时，报告明确提出资金不足是制约第三方支付机构发展的重要因素。由于两者优势资源各有不同且存在极大的互补性，两类企业均有动力建立竞合关系，以弥补自身资源的不足。具体而言，商业银行可以通过第三方支付机构的用户端进行产品销售并借助其技术资源和数据资源对自身征信系统及业务渠道进行补充，加快资金流转速度，提高效率。第三方支付机构也可以借助商业银行获得更多的风险控制经验和资金，扩大金融服务规模，进一步深化金融创新。据此，本章提出如下假设。

假设 3 - 1：资源动机正向驱动了第三方支付机构与商业银行的竞合行为。

二是战略动机对竞合行为的影响。以战略导向为竞合动机的研究本质上仍是依托资源依赖理论。战略动机多指企业为实现发展战略，会倾向于与竞争对手建立合作关系。部分学者在研究中明确指出，当企业认为其所处的环境发生变化，市场地位遇到威胁时，会希望通过合作巩固自身市场地位。同时，也有部分企业希望通过竞合，提高自身的市场地位和效率，增强企业竞争力（Kogut，1988）。刘等（Liu et al.，2015）指出企业有借助竞争对手发展自己的战略企图，特别是当竞争对手与自身战略一致时。另外，当企业感知到市场风险存在时（如新竞争对手进入或自身业绩不佳），会有意识与对手企业建立竞合关系，以降低风险对自身的影响（Gnyawali & Park，2009）。

清华大学互联网产业研究院发布的《2018 消费金融产业发展白皮书》显示，我国消费金融市场有着巨大的发展潜力。第三方支付机构与商业银行当前发展战略均以拓展业务和创新为主，战略目标具有一致性。合作后两类企业不仅可以共同挖掘消费金融市场，更能借助外力提升本企业在行业中的地位。因此出于企业发展战略的考量，两类企业均有动力与对手建立合作关系。从业务层面看，当前第三方支付机构的发展对商业银行核心业务形成了明显挤压。商业银行为了限制第三方支付机构的发展，也对其业务进行了限额控制。因此，出于自身业绩和减少发展束缚的考虑，第三方支付机构与商业银行均有动力建立竞合关系。从风险规避视角看，当前金融行业处于科技转型期，对于第三方支付机构与商业银行而言，随时面临着未知的挑战。合作不仅有助于增强企业壁垒，减少颠覆风险，更能帮助企业开展多元业务，寻找新的利润增长点。因此，出于风险规避的考虑，两类企业也有意愿与对手开展合作。从产业环境看，近十年来，第三方支付机构与商业银行所处的移动支付产业发展态势强劲，在经历了萌芽阶段和成长阶段后，正逐渐步入成熟期。参考以往的研究和相关产业报告，本书以"余额宝"这一重点性事件作为"萌芽期"和"成长期"的划分节点，将"网联"平台的设立作为"成长期"和"成熟期"的划分节点，并以此划分绘制了移动支付产业发展历程图（见图3.1）。从图中可知，早期移动支付客户发展迅速，为抢占客户资源和支付端口，第三方支付机构与商业银行经历了长时间的激烈竞争。当前支付产业从高度繁荣步入成熟稳定，第三方支付机构与商业银行更有意愿减少恶性竞争，通过建立竞合关系，整合内外部资源以稳定自身市场地位和收益。据此，本章提出如下假设。

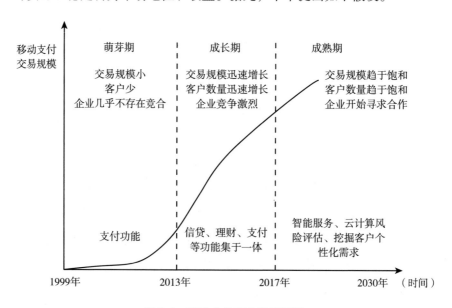

图 3.1　移动支付产业发展历程

假设 3 - 2：战略动机正向驱动了第三方支付机构与商业银行的竞合行为。

三是成本动机对竞合行为的影响。交易成本理论为企业希望通过合作降低成本提供了理论解释。交易成本理论认为企业的存在是因为其节约了市场交易成本，而企业的边界最终取决于市场边际交易成本和企业边际组织成本的均衡。企业运行会带来一定的成本，与竞争企业合作在一定程度上减少了企业搜寻市场信息、识别客户、谈判沟通的费用。另外，由于竞争企业间有着类似的行业知识，合作有助于企业降低研发中的不确定性，分摊研发费用，集中资源研发关键性产品和技术（Santoro & Chakrabarti，2002）。

就本书的研究对象——第三方支付机构与商业银行而言，两者均为金融服务中介商，合作后有可能从三个方面降低交易成本。一是降低放贷前的审核成本。收集客户信息、识别有效客户是金融服务商的重要成本之一。第三方支付机构庞大的客户数据资源和先进的金融科技技术，为商业银行提供了有效的客户信息和识别手段，一定程度上降低了商业银行收集客户信息、识别客户的成本。二是降低了贷后的监督成本。当前金融科技发展迅速，部分第三方支付机构已经建立了实时风险监控系统，实时追踪贷款状态。对于商业银行而言，与第三方支付机构合作引入实时风控系统有助于减少监督成本。三是降低了与客户的沟通成本。以往金融服务多基于线下展开，与客户沟通需要大量的实体网点和人员。两类企业合作有助于金融服务的智能化，机器人可以替代部分人员岗位，线下网点也可以随着线上业务的逐步成熟进行缩减，大幅降低了商业银行与客户的沟通成本。据此，本章提出如下假设。

假设 3 - 3：成本动机正向驱动了第三方支付机构与商业银行的竞合行为。

3.2　竞合驱动的研究设计

　　基于以上理论分析，本节通过问卷调查的方法，将竞合动机和竞合行为概念变量化，并利用相关统计分析方法验证理论假设是否成立。

　　本节将按步骤对问卷调研的设计进行阐述，主要包括问卷设计流程与内容、变量测量及预调研三个部分。

3.2.1　问卷设计流程与内容

　　（1）问卷设计流程

　　首先，梳理国内外相关研究，寻找与本书研究契合的相关成熟量表，选取已证实有效的测量条目。

　　其次，结合本书研究对象的特点对量表进行调整修改。本书的研究对象是第三方支付机构与商业银行，因此，量表需符合金融企业的特点。同时考虑中外理解习惯的差别，本书对外文量表进行了多人回译的工作，针对中国情景对问卷的语句表达进行了进一步修改。

　　最后，对量表进行初步诊断和预测。量表设计好后，在银行工作人员和金融领域学者专家的帮助下，对量表的合理性和解释性进行细致推敲，并在正式发放问卷前进行预调研工作，检验问卷的合理性。

　　（2）问卷调研对象与内容

　　由于第三方支付机构整体数量较少、联系渠道有限，难以支撑问卷所需的基本样本数量，因此本章仅对商业银行进行问卷调查。

　　问卷调查的内容主要围绕银行展开，具体包括以下三个方面：①被调研商业银行的基本情况，主要了解银行类型等基本信息；②竞合动机，主要了解第三方支付机构与商业银行竞合的资源动机、战略动机及成本动机；③竞合行为，用以考察企业竞合的行为反应。

3.2.2 变量测量

本章需测量的变量包括资源动机、战略动机、成本动机及竞合行为。鉴于相关变量需要靠问卷填写者主观判断，调研者在问卷填写过程中可能存在一定顾虑，本章采用 Likert 量表法进行设计。在实际填写中"1"表示"非常不同意"，"2"表示"比较不同意"，"3"表示"不确定"，"4"表示"比较同意"，"5"表示"非常同意"。

（1）因变量

竞合行为。从前面分析中可知目前有关企业合作行为的研究维度多集中于资源投入。从具体量表来看，党兴华等（2010）从资源投入强度、透明强度、开放强度三个方面建立量表题项测量合作行为。秦玮（2011）从人力资本、物质资本、资金、知识资源、调动资源的意愿、合作时间保障、参与积极性和领导重视度八个方面设定量表，测量企业合作行为的资源投入。马蓝（2016）从交流沟通、冲突协调、资源获取、资源共享四个方面设定题项考察企业的合作行为。张海燕和张正堂（2017）从合作意愿、合作深度上设置了三个题项对企业间合作行为进行分析。

综合以上量项并结合第三方支付机构与商业银行的实际情况，两类企业仅有部分企业签署了战略合作协议，处于陆续展开合作的初始阶段，两者合作行为也主要体现在资源投入方面。本章借鉴秦玮的研究，主要从资源投入方面来设置量题，在原文中设置了八个量题，结合第三方支付机构与商业银行的实际情况来看，两者通过合作实现资源互补的意愿明显，原量表中的参与积极性、重视程度及时间投入本身就具有保障，对于两者资源投入的真正考验主要体现在资金、技术、人员及调动意愿四个方面。因此，本章选择这四个量题作为竞合行为的测量项

（见表 3.1）。由于目前第三方支付机构和商业银行的合作开始不久，合作数量较少，因此本章在提问时，将"已经"投入资源改为"已经或愿意"投入资源，方便填写者作答。

表 3.1 竞合行为测量题项具体内容

测量变量	题项编号	题项内容	参考文献
竞合行为	A1	已经（或愿意）为合作投入资金	秦玮（2011）
	A2	已经（或愿意）为合作配备足够人员	
	A3	已经（或愿意）投入一定的技术资源	
	A4	已经（或愿意）调动资源为合作服务	

（2）自变量

前面分析中将竞合动机分为资源动机、战略动机及成本动机三个维度体现，下面逐一对其测量指标进行归纳总结。

一是资源动机。博纳科西和皮卡卢加（Bonaccorsi & Piccaluga, 1994）设置了四个量题来反映企业的资源动机，分别是通过与对方合作规模化管理资源、借助对方设备进行研发、借助对方知识快速提升自身创新能力及借助对方声誉提高企业自身形象。秦玮（2011）在参考博纳科西和皮卡卢加（1994）的研究后，从知名度、知识产权、行业密集程度、工作人员、设备、合作服务部门及人才质量设置了七个量题来测量企业间合作的资源动机。

综合以上量项并结合第三方支付机构与商业银行的实际情况，本章借鉴博纳科西和皮卡卢加（1994）及秦玮（2011）的研究，认为原量题中借助对方声誉提高自身形象、借助对方设备等量项在第三方支付机构和商业银行的竞合中更多体现为借助对方业务渠道、客户资源；而借助对方知识等量项，在第三方支付机构和商业银行的竞合中更多体现为金融科技能力及征信信息的补充。行业密切程度和服务部门对于第三方支付机构与商业银行而言本身就是确定项，不再进行讨论。因此本章从业务渠道、客户资源、金融科技能力及征信信息资源四个方面设置量项来测量第三方支付机构与商业银行合作的资源动机（见表3.2）。

表3.2　　　　　　　资源动机测量题项具体内容

测量变量	题项编号	题项内容	参考文献
资源动机	B1	借助合作能够拓展本银行的客户资源	博纳科西和皮卡卢加（1994）、秦玮（2011）
	B2	合作有助于本银行增加业务渠道	
	B3	合作有助于本银行丰富征信信息和风险控制手段	
	B4	合作有助于增强本银行的金融科技能力	

二是战略动机。麦卡琴和斯瓦米达斯（2004）设置了五个量题测量企业合作的战略动机，分别是增强市场竞争力、获得市场准入权、增强长期盈利能力、提高市场地位及缩短研发时间。马蓝（2016）设置了提高市场声誉、拓展现有业务、获取市场份额及弥补现有渠道空缺四个量题来体现企业间合作的战略动机。

综合以上量项并结合第三方支付机构与商业银行的实际情况，由于第三方支付机构与商业银行均有市场准入权，而缩短研发时间对于第三方支付机构与商业银行而言不是核心战略目的，因此本章借鉴麦卡琴和斯瓦米达斯（2004）的量表中增强市场竞争力、长期盈利能力及提高市场地位三个量题，借鉴马蓝（2016）拓展现有业务类型量题，来测量第三方支付机构与商业银行合作的战略动机（见表3.3）。

表3.3　　　　　　　战略动机测量题项具体内容

测量变量	题项编号	题项内容	参考文献
战略动机	C1	合作能够扩大本银行在业内的影响力	麦卡琴和斯瓦米达斯（2004）、马蓝（2016）
	C2	合作有助于提升本银行的市场竞争力	
	C3	我们认为合作能够带来广阔的盈利前景	
	C4	合作帮助本银行丰富现有产品种类	

三是成本动机。降低成本是企业合作的重要动机之一，麦卡琴和斯瓦米达斯（2004）设置了四道量题体现企业合作的成本动机，分别是降低研发成本、降低生产成本、降低营销成本及降低监管成本。秦玮（2011）设置了两个题项来反映企业战略合作的成本动机，分别是降低研发成本及规避研发风险。

综合以上量项并结合第三方支付机构与商业银行的实际情况，本章借鉴麦卡琴和斯瓦米达斯（2004）量表中降低研发成本、降低营销成本、降低监管成本及降低生产成本四个量项测量第三方支付机构与商业银行合作的战略动机（见表3.4）。

表3.4　　　　　　　　　　成本动机测量题项具体内容

测量变量	题项编号	题项内容	参考文献
成本动机	D1	合作有助于本银行分摊研发费用	麦卡琴和斯瓦米达斯（2004）
	D2	合作有利于本银行节约营销成本	
	D3	借助合作本银行减少风险控制成本	
	D4	合作有助于本银行减少网点数量和人员投入	

3.2.3　预调研

在对问卷进行完善和整理后，本章形成了最终用于调研的问卷。问卷共包含两个部分，首先是问卷填写者和企业的基本信息，主要包括职位层级、年龄及银行名称；其次是有关第三方支付机构与商业银行竞合动机和竞合行为等方面的情况。借助银行业协会、Credamo 平台、问卷星平台及朋友关系，向各商业银行管理人员进行问卷发放，进行小范围调研，用于检验问卷的信度和效度。小样本调研时间为2020年6月1日至2020年6月7日，发放途径为网络，共发出问卷200份，回收132份。为了提高问卷的可靠性，将填写不完整的问卷、答案几乎没有差异的问卷予以剔除。剔除无效问卷23份，最终获得有效问卷109份，高于问题数量的5倍，符合预测试样本量的标准。

（1）信度分析

利用SPSS 26.0软件对初始问卷进行信度检验，量表总体Cronbach's α值为0.921，根据目前大多数学者的观点，信度系数大于0.9证明量表具有较好的信度。表3.5汇报了预调研的信度分析结果，可以看到删除该题项后Cronbach's α值均大于0.7，且题项—总体相关性均高于0.35。这说明本章所使用的竞合动机量表具有较高的信度，可用于进一步分析研究。

表3.5　　　　　　　　　竞合动机量表的信度检验

测量题项	删除此项后的标度平均值	删除此项后的标度方差	题项—总体相关性	平方多重相关性	删除此项后的Cronbach's α
愿意投入资金	49.53	104.38	0.557	0.473	0.917
愿意配备人员	49.31	103.174	0.636	0.567	0.915
愿意投资技术	49.62	103.276	0.575	0.56	0.917
愿意调动资源	49.44	103.628	0.572	0.511	0.917
拓宽客户资源	49.61	103.92	0.558	0.464	0.917
增加业务渠道	49.38	103.028	0.649	0.582	0.915
丰富风险手段	49.18	101.798	0.712	0.646	0.913
增强科技能力	49.42	101.035	0.677	0.613	0.914
扩大影响力	49.29	103.318	0.553	0.56	0.918
提升竞争力	49.56	101.677	0.618	0.558	0.916
带来盈利前景	49.54	101.879	0.659	0.538	0.914
丰富产品种类	49.36	100.812	0.679	0.564	0.914
分摊研发费用	49.26	102.723	0.603	0.542	0.916
节约营销成本	49.69	101.676	0.67	0.532	0.914
减少风控成本	49.53	101.67	0.61	0.645	0.916
减少网点投入	49.83	103.141	0.611	0.573	0.916

（2）探索性因子分析

进一步的，本章采用探索性因子分析检验竞合动机量表实际维度和预设维度是否相同。

　　首先，对量表进行 KMO 和 Bartlett 球体检验。目前，较多学者认为 KMO 统计量大于 0.9 时表明量表非常适合进行因子分析，同时 Bartlett 球体检验的显著性要小于 0.05。经检验，本章所使用的竞合动机量表 KMO 值为 0.904，Bartlett 球体检验的显著性小于 0.01（见表 3.6），说明本研究设计的量表适合做验证性因子分析。

表 3.6　　　　　　　　竞合动机量表的探索性因子分析结果

测量题项	因子 1（资源动机）	因子 2（竞合行为）	因子 3（成本动机）	因子 4（战略动机）
增加业务渠道	0.865			
拓宽客户资源	0.853			
增强科技能力	0.765			
丰富风险手段	0.707			
愿意投入技术		0.843		
愿意调动资源		0.815		
愿意投入资金		0.774		
愿意配备人员		0.655		
减少风控成本			0.955	
减少网点投入			0.843	
分摊研发费用			0.614	
节约营销成本			0.531	
扩大影响力				0.967
提升竞争力				0.873
丰富产品种类				0.716
带来盈利前景				0.579
KMO	0.904			
Bartlett 球体检验	$\chi^2 = 1756.060$, $df = 120$, $Sig = 0.000$（$p < 0.001$）			
累计方差解释率	70.114%			

其次，利用主成分分析法进行因子分析（见表3.6），各因子载荷均在0.5以上，具有显著性，且累计方差解释率高于70%，量表符合基本要求，由此，本章预调研结果说明竞合动机量表问卷具有良好的信度，可进行正式发放。

3.3　竞合驱动的实证分析

本部分对问卷进行正式发放，并对调研所获数据进行定量描述，同时通过回归分析对前面提出的各假设进行验证。

3.3.1　正式数据收集与描述

在预调研通过探索性因子分析后，问卷进入正式发放环节，进行大样本数据收集与分析。借助银行业协会、Credamo 平台及朋友关系向各商业银行管理人员进行问卷发放。正式调研时间为 2020 年 6 月 10 日至2020 年 6 月 20 日，发放途径为网络，共发出问卷 300 份，回收 213 份。为了提高问卷的可靠性，将填写不完整的问卷、答案几乎没有差异的问卷予以剔除。在剔除无效问卷 42 份后，本章最终获得有效问卷 171 份，高于问题数量的 10 倍，符合正式测试样本量的标准。

为了从整体上了解被调研商业银行的整体情况，本章对样本银行的类型、合作动机、合作行为等变量进行描述性统计。表 3.7 汇报了样本银行的分布情况，其中，大型商业银行 6 家，占总样本 3.5%；股份制商业银行 12 家，占总样本 7.0%；城市商业银行 83 家，占总样本48.5%；农村商业银行 70 家，占总样本 41.0%；其他类型银行共 16家，占总样本 8.6%。

表 3.7　　　　　　　　　　　样本银行类型分布

银行类型	频数	频率（%）	累计频率（%）
大型商业银行	6	3.5	3.5
股份制商业银行	12	7.0	10.5
城市商业银行	83	48.5	59.0
农村商业银行	70	41.0	100

　　表 3.8 汇报了竞合动机和竞合行为各测项的均值、标准差及各测项在维度内的排序（均值排序）。从表中可以看出，竞合动机三个维度的各测项均值都超过了 2.9，说明整体来看，商业银行有强烈动机与第三方支付机构进行合作。具体而言，增强科技能力、提升竞争力及减少风控成本分别占据了各组均值的第一位。

表 3.8　　　　　　　　竞合动机和行为的描述性统计

题号	题目	平均值	标准差	组内排序
A1	愿意投入资金	3.24	0.95	3
A2	愿意配备人员	3.46	0.933	4
A3	愿意投入技术	3.15	1.009	1
A4	愿意调动资源	3.33	0.986	2
B1	拓宽客户资源	3.16	0.984	2
B2	增加业务渠道	3.39	0.927	4
B3	丰富风控手段	3.59	0.934	3
B4	增强科技能力	3.35	1.029	1
C1	扩大影响力	3.48	1.04	3
C2	提升竞争力	3.21	1.066	1
C3	带来盈利前景	3.23	0.994	4
C4	丰富产品种类	3.41	1.041	2
D1	分摊研发费用	3.51	1.01	2
D2	节约营销成本	3.08	0.994	3
D3	减少风控成本	3.24	1.078	1
D4	减少网点投入	2.94	0.968	4

3.3.2 信度与效度检验

现有研究通常采用内部一致性系数（Cronbach's α）和组合信度（CR）两个指标来检验量表的信度。表3.9汇报了大样本的信度分析结果，从表中可以看出，量表各维度的 Cronbach's α 系数分别为 0.859、0.826、0.846 及 0.835，组合信度系数均在 0.8 以上，表明该量表具有良好的信度。

在效度方面，本章主要关注量表的聚合效度和结构效度。首先，采用平均方差抽取量（AVE）来检验测量量表的聚合效度，根据福内尔和拉克尔（Fornell & Larcker, 1981）的标准，当平均方差抽取量（AVE）大于 0.5 时，量表具有良好的聚合效度。如表3.9所示，量表各维度的平均方差抽取量（AVE）均大于 0.5，这表明本章采用的量表具有较好的聚合效度。之后，采用相关系数矩阵法对量表进行结构效度检验。量表各维度与量表总分之间应该有中高等程度的相关，量表各维度之间应该有中低等程度的相关。检验结果见表3.10，从中可以看出，资源动机、战略动机、成本动机和竞合行为之间的相关系数小于 0.6，存在中等程度相关，而资源动机、战略动机、成本动机、竞合行为与量表总分之间的相关系数均在 0.8 左右，存在高等程度相关。由此可见，本问卷具有良好的结构效度。

表 3.9 大样本信度与聚合效度分析

维度	Cronbach's α	CR	AVE
资源动机	0.859	0.861	0.609
战略动机	0.826	0.825	0.542
成本动机	0.846	0.849	0.584
竞合行为	0.835	0.834	0.558

表 3.10　　　　　　　　　　　大样本结构效度分析

维度	资源动机	战略动机	成本动机	竞合行为	量表总分
资源动机	1				
战略动机	0.600**	1			
成本动机	0.598**	0.592**	1		
竞合行为	0.538**	0.565**	0.490**	1	
量表总分	0.833**	0.843**	0.820**	0.785**	1

注：**p<0.05。

3.3.3　验证性因子分析

表 3.11 汇报了验证性因子分析的结果，按照布莱克等（Black et al.，2013）的标准，χ^2/df 值介于 2～5，表示拟合度较好，本章中该值为 2.492。同时，模型的 RMSEA 值应小于 0.08，符合该要求。另外，CFI、NFI、TLI 及 IFI 的各指标值越大越适合，在本章中各值约为 0.9（部分略低于 0.9），可以接受。同时，各因子载荷均在 0.65 以上（见图 3.2），较好地满足了因子载荷不低于 0.5 的要求，说明该模型收敛效度较好。

表 3.11　　　　　　竞合动机量表的验证性因子分析结果

拟合指标	χ^2	df	χ^2/df	RMSEA	CFI	NFI	TLI	IFI
模型	244.172	98	2.492	0.076	0.914	0.835	0.894	0.835

3.3.4　回归分析

表 3.12 汇报了各竞合动机对竞合行为的回归结果。首先，方差膨胀因子（VIF）介于 2.5～2.6，处于可接受范围内，表明回归各变量不

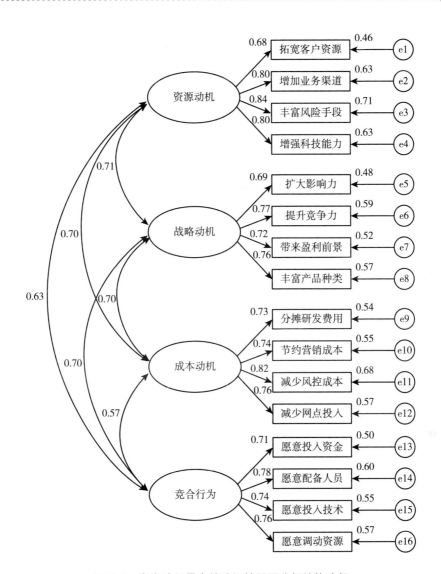

图 3.2　竞合动机量表的验证性因子分析结构路径

存在多重共线性。模型显著性低于 0.01，说明模型整体拟合度较好，整体而言，模型较适合进行回归分析。回归结果显示，资源动机、战略动机及成本动机显著正向驱动了商业银行与第三方支付机构的竞合行为，影响方向与研究假设的研究一致。由此，假设 3 - 1、假设 3 - 2 及假设 3 - 3 得到验证。

表 3.12　　　　　　　　竞合动机对竞合行为的回归分析结果

维度	系数	标准差	T 值	sig	VIF	对应假设	检验结果
Constant	2.545	0.996	2.555	0.011			
资源动机	0.221	0.064	3.471	0.001	2.592	假设 3-1	通过
战略动机	0.335	0.081	4.131	0.000	2.384	假设 3-2	通过
成本动机	0.240	0.094	2.552	0.011	2.348	假设 3-3	通过
F 值 68.123　　　　　Sig < 0.01							

3.3.5　结果讨论

在研究假设部分，关于第三方支付机构与商业银行竞合动机和竞合行为的关系提出了三条假设。经检验，三条假设均通过了验证（见表 3.12）。实证结果表明资源动机、战略动机、成本动机均正向驱动了企业的竞合行为。

假设 3-1 的检验结果表明，资源动机越强，商业银行越有动力与第三方支付机构合作，建立竞合关系。资源依赖理论认为，企业间的合作可以视为一种寻求互补资源的手段。从前面分析可知，第三方支付机构的核心优势资源是坚实的用户基础和较强的技术能力，而商业银行的核心优势是雄厚的资金实力和丰富的风控经验。两者优势资源互补性的存在是驱动企业合作的重要原因。

假设 3-2 的检验结果表明，战略动机越强，商业银行越有动力与第三方支付机构合作，建立竞合关系。技术环境和市场环境的剧烈变化，使得第三方支付机构与商业银行逐步意识到合作的重要性。第三方支付机构的出现不仅改变了金融服务的方式，更对商业银行的业务模式、竞争格局带来了一定的变化。为了维持和提高市场竞争力、拓宽现有业务，商业银行有动力与第三方支付机构合作以保障自身的市场地位。

假设 3-3 的检验结果表明，成本动机越强，商业银行越有动力与第三方支付机构合作，建立竞合关系。一方面，商业银行技术背景较弱，金融科技的研发需要投入高额的研发费用。与第三方支付机构的合作可以在短期内有效弥补其技术短板，同时分摊一部分研发费用。另一方面，商业银行常年基于线下开展业务，运行成本较高，借助第三方支付机构的业务渠道可以将部分业务转为线上，减少营销、网点等方面的投入，有助于成本的降低。因此，出于成本的考虑，商业银行更倾向于与第三方支付机构合作。

3.4　本章小结

　　本章分析了第三方支付机构与商业银行竞合的驱动机理。通过考察企业竞合动机对竞合行为的驱动作用，揭示了第三方支付与商业银行竞合的主要驱动力。本章首先梳理了以往研究，确定资源、战略及成本是企业竞合动机的三个核心维度。其次，基于资源依赖理论和交易成本理论，深度解析各动机对第三方支付机构与商业银行竞合行为的驱动作用。最后，利用问卷调查法对各动机的驱动作用予以实证检验。研究发现，资源动机、战略动机和成本动机均正向驱动了第三方支付机构与商业银行的竞合行为，其中战略动机的驱动作用最强，成本动机次之，资源动机最弱。

第 **4** 章

第三方支付机构
与商业银行竞合的演化机理

本章研究聚焦于第三方支付机构与商业银行竞合的过程——演化机理。在当前国情下，第三方支付机构与商业银行竞合的收益是什么？随着时间的动态变化双方的竞合策略会呈现何种演化规律？本章将对此进行探究。迄今为止，多数对于第三方支付机构与商业银行竞合演化的研究对于竞合收益的设计缺乏系统考虑。另外，现有研究多将第三方支付机构与商业银行群体中的个体视为同质的，与现实情境难以相符。为此，本章采取独特视角，根据收入结构对第三方支付机构与商业银行的竞合收益进行系统分析，并基于此设计博弈矩阵。同时，引入复杂网络博弈的研究方法，构建双层竞合网络，克服以往模型中个体同质的现实缺陷，在考察群体竞合策略演化规律的同时补充观察了异质个体在竞合中的收益表现。

4.1 竞合演化的理论基础与演化逻辑

4.1.1 理论基础

（1）演化博弈论

博弈论，又称对策论，主要用于研究具有形式激励结构个体间的相互作用。作为应用数学的一个分支，该理论被广泛应用于经济学、计算机科学等诸多领域（Colman，2013；Smith，1982）。匈牙利数学家冯·诺依曼和奥地利经济学家摩根斯坦（Von Neumann & Morgenstern，2007）合著的《博弈论与经济行为》（*Theory of Games and Economic Behavior*）奠定了博弈论的基础。在之后的研究中，纳什（Nash，1950）提出了纳什均衡，进一步推动了博弈论的研究和发展。经典博弈理论认为个体是完全理性的，但在现实环境中，人是有限理性的，达至均衡状态也需要一段时间。为了解释这一现象，生物学家将进化论中自然选择和遗传变异等概念引入博弈论，并提出了演化博弈理论（Smith & Price，1973）。演化博弈理论着重刻画了有限理性个体如何在不断重复的博弈过程中实现利益最大化，在考虑个体学习模仿能力的同时，给予一定的观察时间，对于揭示演化规律具有重要意义。

传统演化博弈通常假设个体是同质的，且个体间全部相互连接。然而，现实中的企业具有显著的异质性，且企业间不会形成完全的连接关系。为了使研究更贴近现实，学者们尝试利用复杂网络突破传统博弈的全连接关系。诺瓦克和梅（Nowak & May，1992）在《自然》（*Nature*）上发表的论文将博弈引入二维方格，开创了网络演化博弈的先河。在二维方格中，企业被允许只与自己相关联的企业进行博弈和收益比较，不再进行全局比较。随着复杂网络研究的不断丰富，网络博弈也受到了学者的广泛关注，取得了丰富的研究成果。

有关复杂网络的研究发现，现实社会存在的复杂关系可以利用网络结构来刻画，如人际关系网类似小世界网络、金融企业网符合无标度网络等。在复杂网络环境中博弈，能够更好地反映出个体的交互影响和群体的演化规律。从个体交互性来看，复杂网络博弈为个体策略更新提供了更多可选的规则，其中最为常用的有最优者替代（Santos et al.，2008）、依据收益差学习（Szabó & Töke，1998）等。从群体演化规律看，复杂网络博弈能够更客观地刻画出各群体合作行为的变化过程（Yang et al.，2009；Wang et al.，2008；Guan et al.，2007）。王健和赵凯（2016）利用复杂网络博弈讨论了企业间竞合关系的演化规律。曹霞等（2018，2017，2016，2015，2014）多年从事复杂网络演化博弈的研究，并将其应用于产学研领域，深入分析了产学研合作的利益博弈和动态演化规律。

演化博弈对于推演第三方支付机构和商业银行竞合演化方向，分析相关因素对竞合演化的影响具有重要借鉴意义。引入演化博弈模拟第三方支付机构和商业银行策略学习、决策更换等动态过程，能够更真实地反映两者竞合中模仿学习的策略变化，更准确地预测两类企业策略的演化轨迹。

（2）复杂网络理论

随着经济发展和科技进步，社会各主体间的联系越来越紧密，形成了多种连接模式和网络结构。复杂网络理论旨在通过拓扑学的方法刻画真实社会中的连接关系。复杂网络由节点和边构成，节点为各主体，而边描述各主体间的关联关系。为了加深对网络理论的认识和研究，学者们从统计学的角度设置了诸多指标以描述网络中节点和节点连接的主要特征。目前常用的复杂网络基本统计特征包括节点的度、平均度、度分布、平均最短路径长度及集聚系数。

① 度（degree）是指与任意节点 i 相连接的其他节点的数量，即网

络中与节点 i 相连的边的数量。节点的度越大，在复杂网络中的位置越重要。

② 平均度（average degree）是指网络中所有节点度的平均值。

③ 度分布（degree distribution）是指在网络中随机选择一个节点 i，该节点度为 k 的概率，也可以表达为网络中度为 k 的节点数占网络中所有节点数的比重。

④ 平均最短路径长度（average shortest path length）又称为平均路径长度、平均最短距离，是指网络中所有节点最短路径长度的平均值，用于度量网络节点的疏密程度。其值越大表明网络节点间的分离程度越大，反之则越小。

⑤ 集聚系数（clustering coefficient）用于度量网络的集聚程度，是指节点 i 与邻接点间实际存在边数与理论上最大可能存在边数的比值。

利用复杂网络模型刻画各主体间的连接状态，为理解现实问题提供了可行途径。当前，国内外学者研究中使用最多、最典型的网络拓扑模型主要有规则网络、小世界网络、无标度网络、随机网络（见图4.1）。

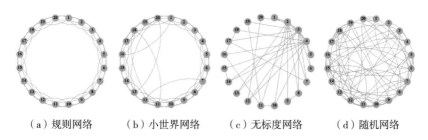

（a）规则网络　　（b）小世界网络　　（c）无标度网络　　（d）随机网络

图4.1　各类型网络结构

规则网络是指通过确定简单规则形成的网络结构。目前研究中较为常见的规则网络有全局映射网络、环形网络、星形网络等。一般而言，该类网络具有度相同、聚集系数高、平均最短路径长等特点。

小世界网络由沃茨和斯托加茨（Watts & Strogatz，1998）提出，简称 WS 模型，其具有平均路径较小、集聚程度较高的特征。小世界网络最为经典的例子是，一些并不相识的人，可以通过很短的熟人连接被联系在一起。

无标度网络（BA 网络）是巴拉巴西和艾伯特（Barabási & Albert，1999）基于增长和择优两种连接机理提出的一种网络结构。无标度网络具有很强的异质性，强调各节点间的连接数量严重不均匀，少数节点在网络中起到主导作用。该网络的重要特征是新增节点会择优连接到具有大量连接的关键节点。由于现实中的大量网络具有这一特征，无标度网络也被广泛应用于各类研究中。

随机网络是指节点不依据规则，以随机方式连接而成的一种网络结构。最具代表性的随机网络是由厄尔多斯等（Erdos et al.，1959）提出的 ER 随机网络。随机网络具有平均路径较短、集聚系数较小等特征，其节点的分布服从泊松分布。

复杂网络能够直观展现各企业间的关联关系，反映个体间的交互影响。对于刻画第三方支付机构和商业银行的关联关系、交互作用具有重要意义。同时，复杂网络节点的异质性，也为第三方支付机构和商业银行演化博弈的异质性研究提供了可能。

4.1.2　演化逻辑

（1）演化博弈的影响因素

影响群体演化的因素众多，王发明和朱美娟（2019）将其概括为三方面——收益、成本及风险。其中收益方面影响演化的因素是合作收益和收益分配，成本方面影响演化的因素是合作成本，风险方面影响演化的因素是违约风险。本章也借用其框架对第三方支付机构与商业银行竞合演化的影响因素进行总结。

合作收益是第三方支付机构与商业银行竞合演化的根本驱动力。从收益的角度看，如果引入合作关系能够带来超额收益，第三方支付机构与商业银行便会倾向于选择合作策略，群体中合作的比例随之不断攀升。反之，如若两类企业的合作无法创造超额收益，则企业会倾向于维持竞争状态，群体中选择竞争的比例会逐步上升。

收益分配是第三方支付机构与商业银行竞合演化的持续保障力。在第三方支付机构与商业银行合作创造价值后，合理的合作回报能够维系合作关系的稳定性，促使群体向合作导向演化；反之，不合理的利益分配容易导致合作关系的破裂、合作个体的减少，群体向竞争主导演化。

第三方支付机构与商业银行建立竞合关系需要一定的成本。合作成本是第三方支付机构与商业银行竞合演化的主要阻碍力。过高的合作成本会降低第三方支付机构与商业银行的合作意愿，群体会向竞争导向演化。

违约惩罚是第三方支付机构与商业银行竞合演化的风险约束力。第三方支付机构与商业银行的资源互补性较高，合作企业面临一定的利益诱惑和违约风险。因此，监管部门对违约者的惩罚力度是推动群体有序演进的重要约束。

（2）演化博弈的主体

在第三方支付机构与商业银行的竞合中，参与的主体大致可分为两类——核心主体和影响主体（见图4.2）。其中，第三方支付机构与商业银行是竞合的核心主体，两者不仅是竞合决策的制定者也是直接实施者。政府部门、用户和商户是竞合的影响主体。政府在制定行业政策、维护平稳安全竞合环境方面有着重要作用，而用户和商户则是企业竞合最终的服务对象，各主体相互作用最终实现竞合的演化。

核心主体方面，作为新金融产品的推广者，第三方支付机构是金融服务变革的重要力量。其最初功能是商户和客户支付结算的中介，随着业务的不断延伸，已成长为集信贷、支付、理财、保险、征信服务于一体的金融科技公司。凭借强大的科技创新能力和坚实的用户基础，第三方支付机构正逐步提高服务效率，成为金融市场中不容忽视的一股新兴

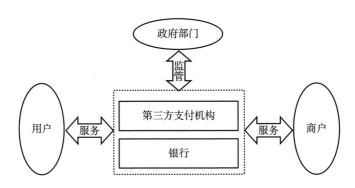

图 4.2　第三方支付机构与商业银行竞合主体结构

力量。商业银行是传统金融服务的提供者，也是我国金融市场的中坚力量。长久以来，银行在我国金融服务市场上占据着绝对主导地位，其基本职能主要包括四个方面——信用中介、支付中介、信用创造及金融服务，其获利的基本手段是作为中介者将资金贷出者和接受者有效对接，并从中获取收益。近年来，受到第三方支付机构的影响，商业银行正逐步推动变革转型，引入金融科技，提高金融服务效率。

影响主体方面，政府是保证整个金融服务平稳运行、控制金融风险的重要监管者。在推动金融变革和金融科技发展的同时，新金融带来的高度不确定性敦促政府在金融监管方面发挥更积极的作用。如何在保证金融创新的同时控制金融风险，是当前政府引导企业健康发展、维护金融市场秩序的重要问题。用户和商户是金融服务的资金供给者及资金接受者，是整个金融服务的消费者。

（3）演化过程

第三方支付机构与商业银行的竞合并非一对一而是群体对群体，因此，存在着企业决策变化、策略异质的问题。演化的内涵原本指生物物种自发进行的适应性变化。本章所研究的第三方支付机构与商业银行竞合的演化主要是指两类企业中选择竞合策略企业的比例变化过程，即哪一种策略会在长期动态变化中占优。田宇和张怀英（2016）对竞合的基本逻辑、演化过程进行了深入分析，认为竞合演化最初是由于企业内外部环境诱发了群体中的部分企业与竞争对手建立合作关系，之后其他企业根据内外部收益和环境引导不断调整修正策略以满足企业阶段性与长期性目标，最终各策略在群体中的比例逐步稳定，演化结束。本章借鉴这一思想分三步推演了第三方支付机构与商业银行竞合的群体演化过程。

① 初始状态：竞争策略在群体中占主导地位。第三方支付机构与商业银行由于业务重叠，一直处于高度竞争状态。由第三章分析可知，在资源动机、战略动机及成本动机的驱动下，部分第三方支付机构与商业银行开始尝试与对手企业建立合作关系，由纯竞争策略转变为竞合策略。此时，第三方支付机构与商业银行群体中萌生出建立合作关系的个体，但竞争策略仍在群体中占据主导地位。

② 演化过程：个体权衡收益调整策略。选择竞争策略的第三方支付机构与商业银行在观察到部分企业合作的现象后，开始比较自身与外部企业的收益，决定是否将竞争策略转变为竞合策略。在各影响因素的长期作用下，第三方支付机构与商业银行会不断调整修正自身策略，以实现自身利益最大化。第三方支付机构与商业银行群体中选择竞合和竞争的比例也随之不断变化。

③ 稳定状态：合作策略或竞争策略在群体中占主导地位。经过一段时间的调整和修正，群体中采用竞合策略和竞争策略的第三方支付机构与商业银行比例逐步达到稳定状态，演化稳定策略出现。下面本章利用演化博弈的方法对两类企业竞合的演化过程进行分析讨论。

4.2　竞合演化的研究设计

4.2.1　研究方法与适用性分析

本部分对研究中使用的方法进行介绍，并对该方法的适用性进行分析。

（1）研究方法

研究群体竞合行为演化的方法主要是演化博弈，细分看有传统演化博弈和网络演化博弈。目前，研究人员多采用传统演化博弈的方法对第三方支付机构与商业银行竞合的演化规律进行探究。传统演化博弈在分析稳定策略方面有着不可替代性，然而网络博弈更符合第三方支付机构与商业银行的自身特点和演化特征，其优越性主要体现在以下两个方面。

① 补充考虑了第三方支付机构与商业银行个体的异质性。传统演化博弈模型中，两个博弈群体中的个体都是同质的，即每家商业银行和第三方支付机构被假设是相同的。这与我国现实情况有着明显不符，当前我国商业银行和第三方支付机构有着悬殊的实力差异，忽略个体间的异质性可能会造成演化结果的估计偏差。复杂网络博弈通过节点设置的不同可以较好地解决这一问题，更符合第三方支付机构与商业银行的真实情况。

② 补充考虑了第三方支付机构与商业银行博弈时的非全局性。传统博弈中，各企业的连接关系是全连接的，而现实情况不是所有第三方支付机构和商业银行都有联系。复杂网络通过网络结构的设置，可以较好地回避这一问题。

因此，本章选择复杂网络博弈研究这一问题。通过构建第三方支付机构与商业银行两层网络，在网络环境中讨论两类企业的博弈过程。不仅能够刻画出第三方支付机构与银行间的个体差异，还能补充考虑第三方支付机构与商业银行连接的非全局性，更真实反映支付市场上企业竞合的演化情况。

（2）网络博弈的适用性分析

首先，第三方支付机构与商业银行本身就通过各种合作和资金往来形成了关系网络，具备复杂网络的基本特性。当前，第三方支付机构与商业银行在资金实力、技术实力、客户存量等方面体现出了显著的异质性，这一点可以通过复杂网络中节点的强弱得以体现。综上所述，复杂网络可以很好地刻画第三方支付机构与商业银行现实竞合中的具体特征，而这些特征对于企业制定发展策略有着重要的参考价值。因此，使用复杂网络来分析两类企业的竞合演化规律具有较好的可行性。

其次，企业间的博弈需要在复杂网络的基础上来进行分析。这主要体现在两个方面。一是企业之间的博弈需要以关系网为基础。在网络结构上考虑第三方支付机构与商业银行内外部的社会关系和博弈关系，更贴近现实情况。二是企业间博弈的演化过程涉及策略学习和策略转换。在本章中，第三方支付机构与商业银行会根据博弈的收益进行模仿学习和战略转换，这种策略学习的对象需要依赖于网络中的关系结构。因此，在复杂网络的分析框架中探索第三方支付机构与商业银行竞合的演化更为合理。

最后，网络构建要素与两类企业竞合要素具有对应性。本章将网络构成要素与第三方支付机构和商业银行竞合中的要素进行了逐一对应，表4.1汇报了网络构建要素与两类企业竞合要素间的对应关系和现实含义。在本章的设置中，网络中包含有两类节点：第一类节点代表第三方支付机构；第二类节点代表商业银行。企业竞合实力对应节点的度，群体间连线代表第三方支付机构与商业银行的竞合关系，而网络内部连线代表群体内具有一定的社会关系，连线的粗细对应了竞合的程度。这种网络要素与竞合要素的对应关系，既能够较好地反映企业间的异质性，还能将群体间的竞合关系、竞合强度有机地整合在一起，较好地模拟了两类企业竞合的真实情况。

表 4.1　　网络构建要素与两类企业竞合要素间的对应关系和现实含义

网络构建要素	两类企业竞合要素	现实含义
节点	企业（两类）	第一类节点代表第三方支付机构，第二类节点代表商业银行

续表

网络构建要素	两类企业竞合要素	现实含义
节点的度	企业的竞合实力	对应第三方支付机构与商业银行的竞合实力
两群体间节点的连线	企业间的博弈关系	对应第三方支付机构与商业银行个体间的博弈关系
群体内部节点的连线	企业间的社会关系	对应第三方支付机构与商业银行群体内部的社会关系
节点策略改变	企业更换策略	对应第三方支付机构与商业银行可能改变原有的策略转向另一种策略

4.2.2　网络演化博弈模型构建

本部分通过构建网络演化博弈模型探析第三方支付机构与商业银行的竞合演化规律。模型的构建主要分为三步：竞合博弈模型的构建、竞合网络环境的建立及网络博弈的算法设置。

4.2.2.1　竞合博弈模型的构建

（1）博弈模型的基本假设

在自然金融市场环境下，包括商业银行中的企业1和第三方支付机构中的企业2。由第3章的分析可知，商业银行的用户资源和技术资源处于劣势，因此，商业银行可以选择与第三方支付机构在部分价值活动环节建立合作关系，借助其平台和技术优势，开展自身业务，其策略空间为（引入合作，维持竞争）。第三方支付机构当前在资金方面处于劣势，因此可以借助商业银行雄厚的资本优势，进一步扩大业务规模和放贷范围。对于第三方支付机构而言，策略空间为（引入合作，维持竞争）。博弈是一个非对称博弈，在初始状态下，商业银行引入合作的概率为x，维持竞争的概率为$1-x$，第三方支付机构引入合作的概率为y，维持竞争的概率为$1-y$，其中$x \in [0,1]$，$y \in [0,1]$。

（2）基于收入结构的博弈支付设计

以往有关两类企业博弈的支付设计主观性较强，缺乏情景化考虑。本章以第三方支付机构与商业银行的业务收入结构作为博弈策略收益的设计基础，更符合两类企业的真实情况。

① 基础收益：由 2018 年商业银行和第三方支付机构的年报可知（这里以中国工商银行和"蚂蚁金服"为例），商业银行的收益主要由两部分构成——利息收益、手续费和佣金收益。因此，可以假设，商业银行的基础收益为利息收益 I_1、手续费和佣金收益 S_1 之和。第三方支付机构近年来已成功打入借贷和理财市场，当前其主要收益也由两部分构成——利息收益、手续费和佣金收益。因此，假设当前第三方支付机构的基础收益为利息收益 I_2、手续费和佣金收益 S_2 之和。

② 合作收益：双方均选择引入合作时将会获得合作收益，借鉴李佳等（2018）的研究，将合作收益分为两部分——短期合作收益 D_i（i = 1，2）和长期合作收益。其中短期合作收益指不需要双方深度合作，仅需要短期内投入部分资源就可以获得的一次性收益。例如，当前工商银行和"财付通"合作推出全国"ETC"线上办理活动，这一活动需要工商银行提供办卡和结算服务，"财付通"提供客户申请通道。这类业务双方只是在一定时间内合作共享收益，不需要长期深入协同合作。长期收益指合作后双方企业需要共享一定量的资源，且深入协同合作才能共同创造的新收益。例如，第三方支付机构向商业银行提供用户交易的真实数据和风险评估算法，商业银行决定是否提供资金放贷。这种合作不仅扩大了服务范围，也争取了更多金融服务收益。根据商业银行和第三方支付机构的收益结构，当前双方的长期合作范围主要是借贷业务、理财和支付结算业务。因此，本章假设双方共创的长期收益为借贷业务所带来的利息收益增量 ΔI 及理财支付业务所带来的手续费和佣金收益增量 ΔS。考虑到长期收益较多，需要进行利益分配，本章设定 λ 为长期收益中利息收益增量的分配系数，$\lambda \in [0,1]$；μ 为长期收益中手续费和

佣金收益增量的分配系数，$\mu \in [0,1]$。

③ 违约处罚：由于第三方支付机构与商业银行的资源具有互补性，因此对于违约企业的处罚显得十分必要，本章假设当一方采用引入合作，另一方维持竞争时，需支付违约金 F。

（3）情景化的策略空间

本部分对第三方支付机构与商业银行竞合中可能出现的策略空间进行阐述。

① 引入合作，引入合作。双方均引入合作。双方除了自身基本收益外还将得到全部合作收益，与此同时付出合作成本 C_i。这一策略空间的现实场景为，商业银行与第三方支付机构建立战略合作关系，第三方支付机构开放客户渠道、提供客户数据及信用评估算法，商业银行则提供资金和资质类业务的办理及线下服务，商业银行在获取收益后向第三方支付机构支付数据使用费等相关费用，两者互利互惠。另外，双方还可以共同研发金融产品、提高金融服务质量、开拓新金融市场。

② 引入合作，维持竞争。商业银行选择引入合作，第三方支付机构选择维持竞争。此时第三方支付机构将在保存自身收益的情况下，获取商业银行带来的短期竞合收益 D_2。由于第三方支付机构选择了竞争策略，因此无法与商业银行进行长期合作，即无法获得合作收益中的长期收益。这一策略空间的现实场景为，第三方支付机构仅仅就开通"ETC"业务等短期项目进行合作，由于商业银行合作积极，第三方支付机构将获取部分资金和业务带来的收益，但不与商业银行就用户数据、风险管理评估等核心业务开展长期合作，未能获得长期合作收益。

③ 维持竞争，引入合作。商业银行选择竞争策略，第三方支付机构选择引入合作。此时商业银行将在保存自身收益的情况下，获取商业银行带来的短期合作收益 D_1。由于商业银行选择了竞争策略，因而无法享受合作中的长期收益。这一策略空间的现实场景为，商业银行仅仅就开通"ETC"业务等短期项目进行合作，由于第三方支付机构合作积极，

商业银行将获得短期收益。但第三方支付机构不会向商业银行提供长期的用户数据、风险管理评估算法服务。因此，商业银行无法享受长期合作收益。

④ 维持竞争，维持竞争。双方均选择竞争策略，各自独立运营，不进行资源共享和项目合作。双方仅能获得各自的基础收益。这一策略空间的现实场景为，商业银行和第三方支付机构各自独立运营，不就相关业务展开合作。

（4）主要参数及支付矩阵

由上述分析可得本章的主要参数（见表4.2）及支付矩阵（见表4.3）。

表4.2　　　　　　　　　　网络博弈主要参数及其含义

参数符号	含义
I_i	利息收益
S_i	手续费和佣金收益
D_i	短期合作收益
ΔI	长期合作收益—利息收益增量
ΔS	长期合作收益—手续费和佣金收益增量
C_i	合作成本
λ	增量利息收益分配系数
μ	增量手续费和佣金收益分配系数
F	违约金

注：i＝1，2，其中1为商业银行，2为第三方支付机构。

表4.3　　　　　　　　　　网络演化博弈的支付矩阵

		第三方支付机构	
		引入合作（y）	维持竞争（$1-y$）
商业银行	引入合作（x）	$I_1+S_1+D_1+\lambda\Delta I+\mu\Delta S-C_1$ $I_2+S_2+D_2+(1-\lambda)\Delta I+(1-\mu)\Delta S-C_2$	$I_1+S_1-C_1+F$ $I_2+S_2+D_2-F$
	维持竞争（$1-x$）	$I_1+S_1+D_1-F$ $I_2+S_2-C_2+F$	I_1+S_1 I_2+S_2

4.2.2.2 竞合网络环境的建立

（1）竞合网络的构建逻辑

进行复杂网络博弈需要先构建一个贴近于研究对象的基础网络作为博弈对象选择和策略更新的依据。本章的研究对象是第三方支付机构与商业银行两个群体，群体间的关系为竞合关系，而群体内为普通社会关系。分清两者的区别后，根据群体差异为两类企业分别构建一层网络。本章将商业银行作为上层网络，网络中的每一个节点代表一个商业银行，网络中的节点度排序与商业银行的实力排序相映射；将第三方支付机构作为下层网络，网络中的每一个节点代表一个第三方支付机构，网络中的节点度排序与第三方支付机构的实力排名相映射。双层竞合博弈基础网络搭建逻辑如图4.3所示。

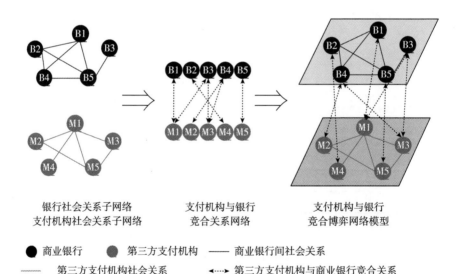

图4.3 第三方支付机构与商业银行竞合网络的构建逻辑

（2）第三方支付机构与商业银行子网络的构建

竞合网络的生成需要先测算第三方支付机构与商业银行的竞合实力。为了搭建出更贴近真实情况的商业银行和第三方支付机构子网络，本章基于两类企业的相关数据对两类企业的竞合实力进行测算。

　　本章借鉴国家信息中心于 2019 年对移动支付发展的定量方法,在数据可获得性的基础上,确定竞合实力的相关指标并通过赋权的方式合成竞合实力指数,以综合实力指数映射第三方支付机构与商业银行子网络中节点的度。从前面分析可知,在两类企业竞合中第三方支付机构的核心优势是用户资源和技术实力;而商业银行在竞合中的核心优势是资金实力和风控能力。根据第三方支付机构在竞合中的优势特点,本章从用户资源和技术实力两维度选取第三方支付机构实力测算的相关指标,考虑当前第三方支付机构可获得的数据并不多,本章使用艾媒咨询 2019 年第三方支付行业研究报告中提供的机构市场份额数据作为第三方支付机构用户资源的衡量指标。企业资本和员工数量是技术实力的重要组成,因此本章通过查询第三方支付机构工商管理信息,选取注册资本衡量企业资本实力,同时选取参保员工数量作为企业人力资源实力的体现。通过以上工作,得到了第三方支付机构竞合实力测算的指标构成如表4.4所示。

表 4.4　　　　　　　　　第三方支付机构竞合实力测算指标构成

一级维度	二级维度	具体指标	数据来源
第三方支付机构竞合实力	用户资源	市场份额	根据艾媒咨询 2019 年第三方支付行业研究报告整理
	技术实力	企业资本	企业工商信息的注册资本
		员工数量	企业工商信息的参保人数

　　根据商业银行在竞合中的优势特点,本章从资金实力和风控能力两维度选取商业银行竞合实力测算的相关指标。作为金融机构,资金实力是商业银行最重要的竞争力,借鉴前人研究(李程等,2016),本章选取 BankFocus 数据库中银行总资产指标作为商业银行资金实力的计算指标。风控能力维度选取 BankFocus 数据库中不良贷款率作为衡量商业银行控制风险能力的计算指标。通过以上工作,得到了商业银行竞合实力测算的指标构成如表4.5所示。

表4.5　　　　　　　　　商业银行竞合实力测算指标构成

一级维度	二级维度	具体指标	数据来源
商业银行 竞合实力	资金实力	银行总资产	BankFocus 数据库 银行总资产对数
	风控能力	不良贷款率	BankFocus 数据库 不良贷款率

由于各指标的性质和计量单位均有不同，对相关指标进行无量纲化处理将有利于指标汇总和对比工作的开展。无量纲化处理方法的具体计算做法是，先将评价指标的实际值与相对应的基准数值进行比较，计算出各指标无量纲化后的值，即：

$$x_{ijt} = \frac{X_{ijt}}{A_{j0}} \times 100 \qquad (4-1)$$

其中，X_{ijt}表示第 i 个第三方支付机构的第 j 个指标 t 期的取值，A_{j0}表示第 j 个指标在基准期的取值，x_{ijt}表示无量纲化处理后的取值。

之后对各指标进行赋权，通过匿名方式请专家对各指标的重要程度进行赋权（总权重100，专家根据各指标的重要性，对各项指标进行赋权，统计平均权重作为最终权重）。在对第三方支付机构竞合实力指标进行评分的方面向五位银行从业人员进行了电话咨询。在对商业银行竞合实力指标进行评分的方面向五位第三方支付机构从业人员进行了咨询。最终得到的评分数和计算的权重如表4.6和表4.7所示。

表4.6　　　　第三方支付机构竞合实力指标重要性程度打分

专家编号	客户实力 （市场份额）	技术实力 （企业资本）	技术实力 （员工数量）
专家1	70	10	20
专家2	80	15	5
专家3	85	5	10
专家4	90	5	5
专家5	90	5	5
平均值	83	8	9

表 4.7   商业银行竞合实力指标重要性程度打分

专家编号	资金实力 （银行总资产）	风控能力 （不良贷款率）
专家1	80	20
专家2	80	20
专家3	90	10
专家4	90	10
专家5	85	15
平均值	85	15

由于当前商业银行和第三方支付机构实力差距较大，为减少指数波动，对商业银行和第三方支付机构的各竞合实力指标进行加权算术平均合成，测算各企业的竞合实力指数。加权计算公式如下：

$$I_{it} = \sum_{j-1}^{n} w_{ij}x_{ijt} = \sum_{j-1}^{n} w_{ij} \times \frac{X_{ijt}}{A_{j0}} \times 100 \qquad (4-2)$$

其中，I_{it} 为企业综合实力指数，w_{it} 为第 i 个企业第 j 个指标的权重，x_{ijt} 为第 i 个企业第 j 个指标在 t 期的无量纲化数值。各指标由下往上汇总，最终加权计算得出各企业竞合实力指数。

根据中国人民银行公布的名单，当前第三方机构的持牌机构共217家，本章以这217家第三方支付机构作为研究样本。同时，由于当前银行数量众多，考虑数据的可获得性，本章仅选择 BankFocus 数据库中的201家中国银行作为研究样本。计算中使用的数据来自 BankFocus 数据库和企业工商注册信息。通过以上计算流程，本研究对第三方支付机构与商业银行的竞合实力进行了测算，竞合实力指数将用于映射节点的度。第三方支付机构与商业银行竞合实力指数排名前五位的企业如表4.8所示。

表 4.8   竞合实力排名前五位的第三方支付机构与商业银行

第三方支付机构实力排名	第三方支付机构名称	竞合实力指数	商业银行实力排名	商业银行名称	竞合实力指数
1	支付宝	1	1	工商银行	1
2	财付通	0.75	2	建设银行	0.86
3	京东网银	0.13	3	农业银行	0.85
4	银联商务	0.11	4	中国银行	0.79
5	度小满	0.09	5	交通银行	0.59

对近些年有关金融复杂网络的研究发现，大部分金融网络都体现出无标度的特征，使用无标度网络拟合银行网络得到了学者的广泛认可（Upper, 2011），因此本研究选择无标度网络结构来模拟第三方支付机构与商业银行的子网络。其生成算法如下：

① 初始化：生成一个有 m_0 个全连接节点的基础网络。

② 生长：每一个时间段，向网络新加入一个节点，新节点会在网络中进行 m 个连接。

③ 连接的选择：新节点在网络中选择连接对象 i 建立连接的概率与 i 的度 l_{ia} 成正比，即：

$$P_{ia} = \frac{l_{ia}}{\sum_k l_{ka}} \qquad (4-3)$$

根据表 4.9 中的参数设置，首先分别生成第三方支付机构与商业银行的无标度网络；其次将第三方支付机构与商业银行的无标度网络分别按照各自网络的节点度进行降序排列；最后将第三方支付机构与商业银行的竞合实力指数与无标度网络节点度进行映射（实力越强的企业，节点度越高）。

表 4.9   第三方支付机构与商业银行子网络参数设置

参数	第三方支付机构网络	银行网络
节点数量 N	217	201
初始节点数 m_0	2	2
新增节点边数 m	2	2

通过 Gephi 实现了第三方支付机构与商业银行子网络的可视化，如图4.4（a）和图4.4（c）所示。从图4.4（b）和图4.4（d）可以看出第三方支付机构与银行网络的度分布满足幂律分布且幂指数在 2～3 之间变化，符合无标度网络的特点。

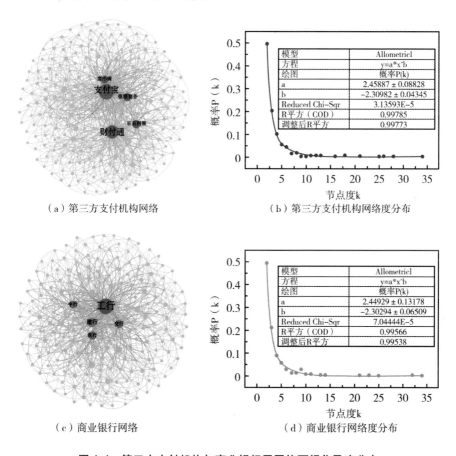

（a）第三方支付机构网络　　　（b）第三方支付机构网络度分布

（c）商业银行网络　　　　　（d）商业银行网络度分布

图4.4　第三方支付机构与商业银行子网络可视化及度分布

（3）第三方支付机构与商业银行竞合网络的构建

关于第三方支付机构与商业竞合网络的构建，现实中第三方支付机构与商业银行在选择竞合伙伴时有着明显的度择优特性，即会更倾向于与对方竞合实力较强的企业进行合作，以求获得更多资源。具体构建算法如下：

① 初始化：生成包含实力排名前 m_0 个第三方支付机构和实力排名前 n_0 个商业银行的基础竞合网络。

② 生长：第 k 个时间段，将实力排名第 m_0+k 的第三方支付机构与实力排名前 n_0+k-1 的商业银行进行 m 个连接，将实力排名第 n_0+k 的商业银行与实力排名前 m_0+k-1 的第三方支付机构进行 n 个连接。

③ 竞合连接的选择：在每一个时间段，第三方支付机构与商业银行子网络各自有一名成员在对方网络 a' 挑选一名成员 i 建立竞合关系，其建立竞合关系的概率与对方成员的度成正比。即：

$$P_{ia'} = \frac{l_{ia'}}{\sum_k l_{ka'}} \qquad (4-4)$$

根据表 4.10 中设置竞合网络的参数，图 4.5 展示了第一个时间段第三方支付机构与商业银行竞合网络的形成过程，最终基于两类企业竞合实力指数生成的第三方支付机构与商业银行竞合网络如图 4.6 所示。可以看到，第三方支付机构与商业银行中实力较强的企业，与群体内部和对手企业的联系较多，说明实力强的企业在竞合过程中更为活跃，而实力弱的企业很难与对手企业形成合作关系。

表 4.10　　　　　　　　　　竞合网络参数设置

参数	第三方支付机构	商业银行
初始节点数	5	5
新增节点边数	2	2

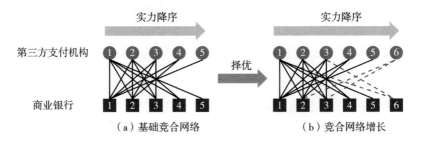

（a）基础竞合网络　　　　　　（b）竞合网络增长

图 4.5　第三方支付机构与商业银行竞合网络的形成过程

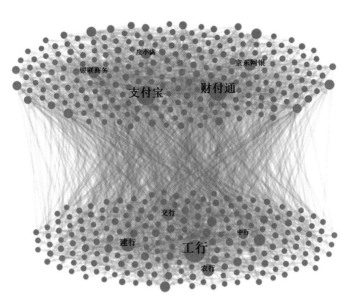

图4.6　第三方支付机构与商业银行的双层竞合网络可视化

4.2.2.3　网络博弈的算法设置

前面已完成了博弈模型和竞合网络的构建，本部分对网络博弈的具体算法进行设置。首先对网络博弈的基本假设进行汇报；其次介绍网络博弈的具体算法设置。

（1）网络博弈的基本假设

网络博弈一般包含主体有限理性、收益比较范围有限、更新规则相同及收益来源局限等方面的基本假设。本研究结合第三方支付机构和商业银行的现实情况，认为两类企业网络博弈的基本假设主要包括以下四点。

假设4-1：第三方支付机构与商业银行虽然是异质性主体，但均为有限理性，选取策略与预期收益大小相关，且存在一定概率没有选择最优策略。

假设4-2：假定第三方支付机构与商业银行只与网络邻居比较收益。在本研究中，由于地域限制、信息成本等原因，企业都只与自己邻域的企业进行博弈收益比较。

假设4-3：假定第三方支付机构与银行间学习策略和更新策略的规

则是相同的，两者的策略更新完全基于上一次博弈收益比较的结果，策略的记忆长度均为 1。

假设 4 - 4：假定第三方支付机构与银行间的合作收益只来源于双层网络内。这一假定认为，第三方支付机构、商业银行与双层网络外的主体没有合作收益，仅与网络内的主体进行相互作用。

（2）网络博弈的算法设置

在第三方支付机构与商业银行竞合的基础上，记子网络 $W_a(i^a, l_i^a, s_i^a)$，其中，$a = 1, 2$，表示网络标号（1 号网络为商业银行，2 号网络为第三方支付机构）；$i^a = 1^a, 2^a, \cdots, N^a$，为网络 a 中的成员；l_i^a 代表网络 a 中成员 i^a 的度；s_i^a 代表网络 a 中成员 i^a 的博弈策略。银行网络的成员将按照博弈矩阵与第三方支付机构网络的成员进行博弈。

博弈中的两名成员拥有两个策略，引入合作或维持竞争，本研究使用二维矢量来标记每个成员的策略，$s_i^a = (1, 0)$ 表示引入合作，$s_i^a = (0, 1)$ 表示维持竞争。双层竞合网络博弈演化算法如下：

① 博弈：网络 1 中的成员 i^1 与其在网络 2 中所有邻居进行一次博弈，并统计其和各邻居博弈得到的收益。因此，该成员一次博弈后的总收益为：

$$P_{i^1} = \sum_{j^2 \in \Omega_{i^1}^2} s_{i^1} A_{i^1 j^2} s_{j^2}^T \qquad (4-5)$$

其中，$\Omega_{i^1}^2$ 表示 i^1 节点在网络 2 的所有邻居的集合，s_{i^1} 表示成员 i^1 的策略，$s_{j^2}^T$ 表示成员 j^2 策略的转置，$A_{i^1 j^2}$ 表示成员 i^1 和 j^2 的博弈矩阵。网络 2 中的成员 j^2 与其在网络 1 的所有邻居进行一次博弈，并收集其和每个邻居博弈得到的收益。因此该成员一次博弈后的总收益为：

$$P_{j^2} = \sum_{i^1 \in \Omega_{j^2}^1} s_{i^1} A_{i^1 j^2} s_{j^2}^T \qquad (4-6)$$

其中，$\Omega_{j^2}^1$ 表示成员 j^2 在网络 1 的所有邻居的集合。

② 策略更新：在经过一轮博弈后，每个成员会以均匀分布随机地挑选一位邻居进行收益对比，如果邻居的收益大于该成员，则该成员一定的概率 $W_{s_x \to s_y}$ 决定自己是否学习对方策略而改变自身策略。

$$W_{s_x \to s_y} = \frac{P_y - P_x}{b_{xy} \max(l_x, l_y)} \qquad (4-7)$$

其中，b_{xy} 表示成员 x 和 y 所在网络的收益系数，可通过式 (4-8) 进行计算。

$$b_{xy} = \max(A_{xy}) - \min(A_{xy}) \qquad (4-8)$$

③ 重复以上步骤，经过一定的时间后，网络和博弈达到稳定，统计各网络稳定平均合作水平和合作水平稳定后的方差分别为：

$$r_{ca} = E\left(\frac{N_t^{ca}}{N_t^a}\right) \approx \frac{1}{M} \sum_t \frac{N_t^{ca}}{N_t^a} \qquad (4-9)$$

$$\sigma_a^2 = D\left(\frac{N_t^{ca}}{N_t^a}\right) \approx \frac{1}{M} \sum_t \left(\frac{N_t^{ca}}{N_t^a} - r_{ca}\right) \qquad (4-10)$$

综上所述，双层网络演化博弈的算法流程如图 4.7 所示。

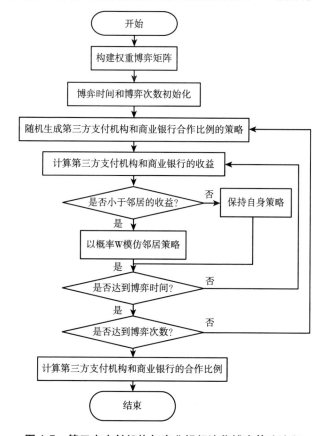

图4.7 第三方支付机构与商业银行演化博弈算法流程

4.2.3　数据来源与参数赋值

在分析相关因素对演化稳定策略的影响时需利用 Matlab 对上述过程进行数值仿真。为了使仿真更贴近实际情况，本研究利用"网联"执行后，2018 年中国工商银行年报数据和 2018 年蚂蚁金服的收益数据对相关参数进行拟合。以往研究中多采用主观数据对仿真参数进行赋值，本研究引入部分竞合企业的真实财务数据对参数赋值，是一次创新性尝试。尽管使用 2018 年一年的财务数据进行赋值可能具有一定时间效应，但较之纯主观设定，引入部分客观数据驱动仿真还是更具优越性。根据 2018 年中国工商银行和蚂蚁金服的年报数据显示，2018 年中国工商银行利息净收益为 5 725.2 亿元，手续费和佣金收益为 1 453 亿元。同年，蚂蚁金服的利息净收益为 100 亿元，手续费和佣金收益为 50 亿元。当前，蚂蚁金服已通过提供客户数据，从部分商业银行获取资金，用于进行借贷业务（蚂蚁借呗）。由于当前两者合作后的业务增量没有对外公布，本研究假定双方若只进行类似"ETC"办理的短期合作项目，将各自获得 5 亿元直接收益。在长期合作方面，参考清华大学互联网产业研究院《2018 消费金融产业发展白皮书》中有关消费金融发展潜力的相关预测数据，本研究假设两者合作后，将在保持自身业务的情况下，获得额外 30 亿元利息收益增量和 10 亿元手续费及佣金收益增量。同时由于双方合作需要巨大的沟通和推广成本，因此，假设合作成本为 10 亿元。另外，在初始状态下，假定利益分配系数均为 0.5。综上所述，参数赋值如表 4.11 所示。

表 4.11　　第三方支付机构与商业银行网络博弈仿真参数赋值

含义	参数符号	商业银行	第三方支付机构
利息收益	I_i	5 725.2	100
手续费和佣金收益	S_i	1 453	50

续表

含义	参数符号	商业银行	第三方支付机构
短期合作收益	D_i	5	5
合作成本	C_i	10	10
长期合作收益—利息收益增量	ΔI	30	
长期合作收益—手续费和佣金收益增量	ΔS	10	
利息收益增量分配系数	λ	0.5	
手续费和佣金收益增量分配系数	μ	0.5	
违约金	F	1	

4.3 竞合演化的结果分析

4.3.1 演化稳定策略分析

在方法介绍中本研究已说明，网络演化博弈在个体异质方面具有显著优势，但传统演化博弈在分析稳定策略和演化路径方面具有不可替代性。因此，本研究基于传统演化博弈，考察第三方支付机构与商业银行的演化路径和稳定策略。根据支付矩阵，计算出商业银行采用两种策略行为的期望收益 u_{11}、u_{12} 及平均收益 $\bar{u}_1$ 分别为：

$$u_{11} = y(I_1 + S_1 + D_1 + \lambda\Delta I + \mu\Delta S - C_1) + (1-y)(I_1 + S_1 - C_1 + F)$$

$$= y(D_1 + \lambda\Delta I + \mu\Delta S - F) + (I_1 + S_1 - C_1 + F) \tag{4-11}$$

$$u_{12} = y(I_1 + S_1 + D_1 - F) + (1-y)(I_1 + S_1)$$

$$= y(D_1 - F) + I_1 + S_1 \tag{4-12}$$

$$\bar{u}_1 = xu_{11} + (1-x)u_{12}$$

$$= x[y(D_1 + \lambda\Delta I + \mu\Delta S - F) + (I_1 + S_1 - C_1 + F)]$$

$$+ (1-x)[y(D_1 - F) + I_1 + S_1] \tag{4-13}$$

第三方支付机构采用两种策略行为的期望收益 u_{21}、u_{22} 及平均收益

$\bar{u}_2$ 分别为：

$$u_{21} = x[I_2 + S_2 + D_2 + (1 - \alpha)\Delta I + (1 - \beta)\Delta S - C_2]$$
$$+ (1 - x)(I_2 + S_2 - C_2 + F)$$
$$= x[D_2 + (1 - \lambda)\Delta I + (1 - \mu)\Delta S - F] + (I_2 + S_2 - C_2 + F) \quad (4 - 14)$$

$$u_{22} = x(I_2 + S_2 + D_2 - F) + (1 - x)(I_2 + S_2)$$
$$= x(D_2 - F) + (I_2 + S_2) \quad (4 - 15)$$

$$\bar{u}_2 = y u_{21} + (1 - y) u_{22}$$
$$= y\{x[D_2 + (1 - \lambda)\Delta I + (1 - \mu)\Delta S - F] + (I_2 + S_2 - C_2 + F)\}$$
$$+ (1 - y)[x(D_2 - F) + I_2 + S_2] \quad (4 - 16)$$

通过式（4 - 11）、式（4 - 13）、式（4 - 14）和式（4 - 16）得到商业银行和第三方支付机构的复制动态方程分别为：

$$F(x) = \frac{\mathrm{d}x}{\mathrm{d}t} = x(u_{11} - \bar{u}_1)$$
$$= x(1 - x)[(\lambda\Delta I + \mu\Delta S)y - (C_1 - F)] \quad (4 - 17)$$

$$F(y) = \frac{\mathrm{d}y}{\mathrm{d}t} = y(u_{21} - \bar{u}_2)$$
$$= y(1 - y)\{[(1 - \lambda)\Delta I + (1 - \mu)\Delta S]x - (C_2 - F)\} \quad (4 - 18)$$

商业银行和第三方支付机构群体竞合博弈的演化可用以上微分方程组成的系统来描述。当两个复制动态方程式均为 0 时，两类企业的收益达到最大，系统达到稳定状态。求得系统的平衡点为 (0, 0)，(0, 1)，(1, 0)，(1, 1)，$\{(C_1 - F)/(\lambda\Delta I + \mu\Delta S), (C_2 - F)/[(1 - \lambda)\Delta I + (1 - \mu)\Delta S]\}$，对复制动态方程中 x，y 分别求偏导数得到雅可比矩阵为：

$$J = \begin{bmatrix} J_{11} & J_{12} \\ J_{21} & J_{22} \end{bmatrix} \quad (4 - 19)$$

其中：

$$J_{11} = (1 - 2x)[y(\lambda\Delta I + \mu\Delta S) - (C_1 - F)] \quad (4 - 20)$$

$$J_{12} = x(1-x)(\lambda\Delta I + \mu\Delta S) \tag{4-21}$$

$$J_{21} = y(1-y)\left[(1-\lambda)\Delta I + (1-\mu)\Delta S\right] \tag{4-22}$$

$$J_{22} = (1-2y)\left\{x\left[(1-\lambda)\Delta I + (1-\mu)\Delta S\right] - (C_2 - F)\right\} \tag{4-23}$$

复制动态方程的平衡点是演化稳定策略（ESS）的必要条件，由矩阵的迹小于零（$trJ<0$）、行列式的值大于零（$\det J>0$）来确定，其中，$trJ = J_{11} + J_{22}$，$\det J = J_{11}J_{22} - J_{12}J_{21}$（计算结果如表 4.12 所示）。根据雅可比矩阵局部稳定性判别定理，5 个均衡点的雅可比行列式和迹及稳定性判定的结果如表 4.13 所示。为了简化矩阵，令 $A_1 = C_1 - F$，$A_2 = C_2 - F$，$B_1 = \lambda\Delta I + \mu\Delta S$，$B_2 = (1-\lambda)\Delta I + (1-\mu)\Delta S$。

表 4.12　　　　　　　　均衡点矩阵迹与行列式值计算

均衡点	$\det J$	trJ
$(0,0)$	$A_1 A_2$	$-(A_1 + A_2)$
$(0,1)$	$A_2(B_1 - A_1)$	$A_2 + B_1 - A_1$
$(1,0)$	$A_1(B_2 - A_2)$	$A_1 + B_2 - A_2$
$(1,1)$	$(A_1 - B_1)(A_2 - B_2)$	$A_1 + A_2 - (B_1 + B_2)$
$\left(\dfrac{A_1}{B_1}, \dfrac{A_2}{B_2}\right)$	$-A_1 A_2\left(\dfrac{A_1}{B_1}-1\right)\left(\dfrac{A_2}{B_2}-1\right)$	0

表 4.13　　　　　　　　局部稳定性判定结果

均衡点	$A_1>B_1$, $A_2>B_2$			$A_1>B_1$, $A_2<B_2$			$A_1<B_1$, $A_2>B_2$			$A_1<B_1$, $A_2<B_2$		
	$\det J$	trJ	稳定性	$\det J$	trJ	稳定性	$\det J$	trJ	稳定性	$\det J$	trJ	稳定性
$(0,0)$	+	−	ESS	+	−	ESS	+	−	ESS	+	−	ESS
$(0,1)$	−	?	鞍点	−	?	鞍点	+	+	不稳定	+	+	不稳定
$(1,0)$	−	?	鞍点	+	+	不稳定	−	?	鞍点	+	+	不稳定
$(1,1)$	+	+	不稳定	−	?	鞍点	−	?	不稳定	+	−	ESS
$\left(\dfrac{A_1}{B_1}, \dfrac{A_2}{B_2}\right)$	—	—	—	—	—	—	—	—	—	−	0	鞍点

情况 1：当 $A_1 > B_1$，$A_2 > B_2$、$A_1 > B_1$，$A_2 < B_2$ 或者 $A_1 < B_1$，$A_2 > B_2$ 时，观察其相位图（见图4.8），系统最终演化趋向于（0，0），对应演化稳定策略为（维持竞争，维持竞争）。即第三方支付机构与商业银行中，只要有一方分配到的利息、手续费与佣金收益大于合作成本，经过长期博弈过程，两个群体会演化成以竞争为主导的情况。在这一结果中，两个群体均没能采用更高收益的策略，应采取措施避免此类情况出现。

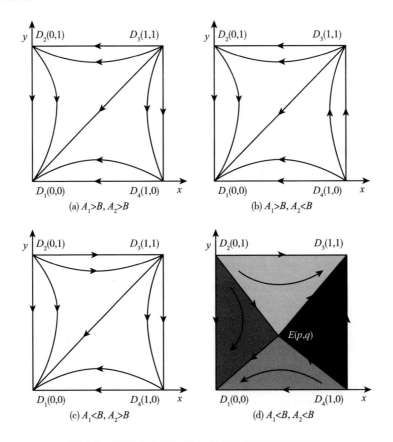

图4.8 第三方支付机构与商业银行演化博弈相位

情况 2：当 $A_1 < B_1$，$A_2 < B_2$ 时，第三方支付机构群体和商业银行群体的复制动态存在五个平衡点，其中，（0，0）、（1，1）为稳定点，（0，1）、（1，0）为不稳定点，（A_1/B_1，A_2/B_2）为鞍点，该系统的相

位图如图 4.8 所示。可以看到，当第三方支付机构群体与商业银行群体选择合作策略的初始比例 (x, y) 位于 $D_2D_3D_4$ 区域时，系统将向 D_4 $(1, 1)$ 方向演化，即两群体最终会演化成为（引入合作，引入合作）策略。反之，如果位于区域 $D_1D_2D_3$，那么系统将向 $(0, 0)$ 方向演化，即两群体最终会演化成为（维持竞争，维持竞争）策略。

在第二种情况下，第三方支付机构群体和商业银行群体长期演化博弈的结果是不确定的，其结果取决于区域 $D_2D_3D_4$ 和 $D_1D_2D_3$ 的面积大小。区域 $D_2D_3D_4$ 的面积越大收敛于（引入合作，引入合作）的概率越大，区域 $D_1D_2D_3$ 的面积越大收敛于（维持竞争，维持竞争）的概率越大；而增加合作收益、增大违约惩罚力度、减少合作成本、合理分配利益有助于增加 $D_1D_2D_3$ 面积区域，即有助于将两群体的演化方向推向合作主导。

4.3.2　相关因素对演化稳定策略的影响

（1）合作收益对演化稳定策略的影响

由前面的分析可知，合作收益中的短期合作收益对群体演化稳定策略没有影响。因此，长期合作收益对演化稳定策略的影响即为合作收益对演化稳定策略的影响。保持其他参数赋值不变，图 4.9 汇报了合作收益对第三方支付机构和商业银行两个群体演化稳定策略的影响。可以看到，无论是利息收益的增加还是手续费及佣金收益的增加均能有效提高商业银行和第三方支付机构群体中合作企业的比例，推动两个群体向合作主导演化。分群体看，第三方支付机构对合作收益的要求更低，对合作收益的变化更为敏感。随着合作收益的增加，其合作比例的上升速度明显快于银行。分收益看，利息收益对两个群体合作比例的提升作用要高于手续费和佣金收益。

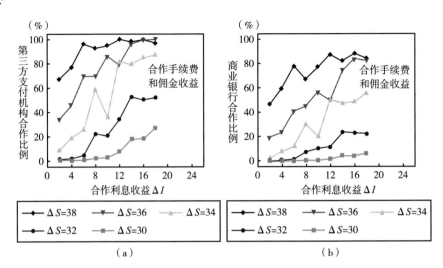

图4.9 合作收益对演化稳定策略的影响

（2）利益分配对演化稳定策略的影响

保持其他参数赋值不变，图4.10汇报了利息分配系数和手续费收益分配系数对演化稳定策略的影响。可以看到无论是利息收益的分配还是手续费收益的分配均存在可行域。只有当利益分配合理时，第三方支付机构和商业银行才具有较高的合作比例，群体向合作导向演化。整体看，第三方支付机构对收益分配的要求要低于商业银行，随着收益分配

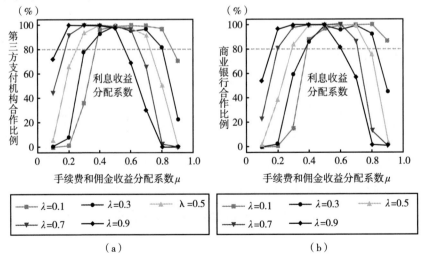

图4.10 利益分配对演化稳定策略的影响

系数的增加，其合作比例的上升速度明显快于商业银行。

（3）合作成本对策略稳定性的影响

第三方支付机构和商业银行的发展基础及服务对象目前存在一定的差异，根据以往的研究，两者拥有的优势资源截然不同，合作时需要付出的成本类型也不尽相同。例如，第三方支付机构合作时需要付出的成本主要是用户端口的开放和客户数据及相关算法的配合提供，而银行付出的成本则主要是窗口接入及业务沟通成本。以蚂蚁金服和中国建设银行（以下简称建行）的合作为例，蚂蚁金服为建行提供客户的交易数据和评估数据，建行拿到这部分数据后，可迅速对客户进行风险评估，再进行放贷，两者共享收益。在这一合作中，支付宝提供了数据和算法成本，而银行将该业务接入线上，需要付出相关技术成本和业务沟通等人力成本。

保持其他参数赋值不变，图 4.11 汇报了合作成本对策略稳定性的影响。结果显示，当第三方支付机构和商业银行合作成本较高时，两者都趋向于不合作，而随着合作成本的降低，两群体合作比例明显上升。分群体看，第三方支付机构对合作成本的敏感度要明显高于商业银行，一旦成本上升，其收敛于竞争的速度明显快于银行。

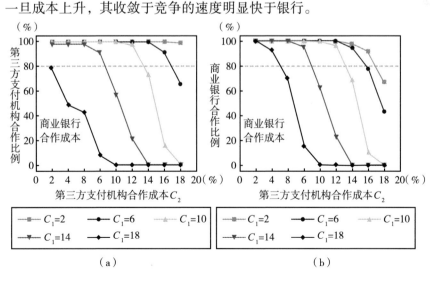

图 4.11　合作成本对演化稳定策略的影响

（4）违约惩罚对策略稳定性的影响

由于商业银行与第三方支付机构的合作资源有着较强的互补性，一旦某一方违约，违约方可以获得较多收益，而另一方损失较大。

保持其他参数赋值不变，图 4.12 汇报了违约惩罚对策略稳定性的影响。结果显示，随着惩罚力度的加大，第三方支付机构和商业银行两个群体的合作比例明显上升，演化稳定策略向合作导向演化。分群体看，第三方支付机构对违约惩罚的敏感度高于银行，当违约惩罚提高时，第三方支付机构收敛于合作的速度要明显高于银行。

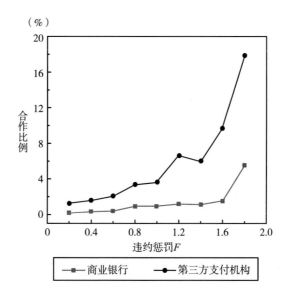

图 4.12　违约惩罚对演化稳定策略的影响

（5）企业异质与合作收益

图 4.13 汇报了不同利益分配情况下，各银行在合作中获得的收益。可以看到，不同银行获得的合作收益具有显著异质性。综合实力排名前 3 位的商业银行在利益分配较为合理的情况下可以获得较为可观的合作收益，而实力排名靠后的商业银行无论利益分配的情况好坏，都较难从合作中获得理想收益。

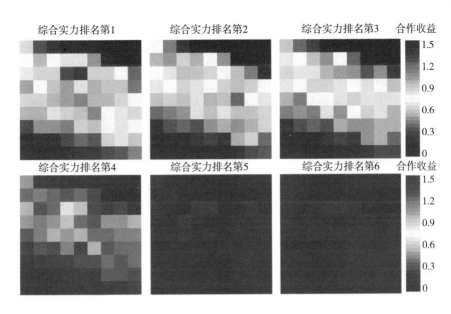

图 4.13　不同利益分配下商业银行实力排名与合作收益

图 4.14 汇报了不同利益分配情况下，第三方支付机构在合作中获得的收益。可以看到不同第三支付机构获得的合作收益也具有显著异质

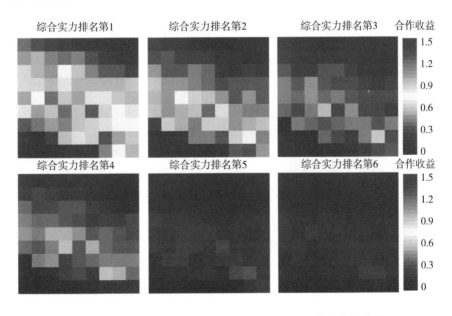

图 4.14　不同利益分配下第三方支付机构实力排名与合作收益

性。综合实力排名前 2 位的第三方支付机构在利益分配较为合理的情况下可以获得较为可观的合作收益，而实力排名靠后的第三方支付机构无论利益分配的情况好坏，均难以获利。

综合来看，商业银行在合作中的收益情况要高于第三方支付机构，这可能也是商业银行合作意愿更高的原因之一。分群体来看，无论是商业银行群体还是第三方支付机构群体，实力排名靠前的企业能够从合作中获利，而实力排名靠后的企业较难获得理想的合作收益。

4.3.3　结果讨论

从企业层面看，无论是提高合作收益还是改良自身运作方式、降低合作所需成本，都能增强合作的稳定性，使合作更长久。同时，提升自身实力会让企业在市场中获得更多合作机会，获取更多合作收益。从模型和现实情况都可以看出，在市场中较为强势的第三方支付机构和商业银行能够吸引更多的合作伙伴，所以提升实力、增强市场地位能为企业带来更多获利机会。

另外，第三方支付机构和商业银行从属于金融行业，合作产生的价值相对较大，在合理的分配模式下，双方很容易形成合作。在现实情况中造成利益分配不均的核心原因是当前第三方支付机构和商业银行两个群体中的企业具有显著的实力差距；这也导致合作时，双方实力不均衡，容易出现利益分配偏差，导致某一方的收益与贡献不成正比。因此，一方面，第三方支付机构和商业银行在合作时要避免不合理的利益分配方案，实现长期共赢；另一方面，警惕行业垄断，增强中小银行和支付机构的经营实力，也有助于维护两类企业长期合作的稳定性。

从政府层面看，当违约惩罚提高、监管变严时，第三方支付机构和商业银行会更倾向于合作。由于第三方支付机构和商业银行资源互补性较强，合作需要强有力的保障。法律法规和相关管理操作指引的发布，会提升双方对合作的信心，从而有保障地参与到合作中。外部监管环境和相关保障制度的不断规范将有助于加强合作关系的稳定性，促进两类企业向合作导向演化。

4.4　本章小结

本章研究了第三方支付机构与商业银行竞合的演化机理。第三方支付机构与商业银行竞合是一个动态变化的过程，本章首先以演化博弈论为基础，对影响第三方支付机构与商业银行竞合博弈的因素进行分析，并对两类企业竞合的演化逻辑进行了阐述。其次，基于第三方支付机构与商业银行的相关数据，构建网络演化博弈模型，考察博弈双方的策略选择和演化稳定策略。研究发现，第三方支付机构与商业银行竞合的演化方向具有不确定性，合作收益、利益分配、合作成本和违约惩罚均会影响两类企业竞合的稳定策略。具体而言，合作收益的提高、合作成本的降低、违约惩罚的提高及合理的利益分配有助于提高两类企业的合作水平，推动两类企业向合作导向演化。分群体看，第三方支付机构对利益的要求低于商业银行；且较之银行，第三方支付机构对合作收益、合作成本、违约惩罚及利益分配更为敏感，随着相关因素的变化，第三方支付机构群体各策略比例的变化速度更快。分业务看，理财业务方面的合作吸引力要明显低于信贷业务，两类企业对利息收益的敏感度明显高于手续费和佣金收益。在企业异质性分析中，本研究发现综合实力排名前3位的商业银行和综合实力排名前2位的第三方支付机构在利益分配较为合理的情况下，可以获得较为可观的合作收益，而实力排名靠后的商业银行和第三方支付机构无论利益分配的情况好坏，都较难从合作中获得理想收益。

第 5 章

第三方支付机构
与商业银行竞合的绩效影响机理

本章研究聚焦于第三方支付机构与商业银行竞合的结果——绩效影响机理，着重讨论了第三方支付机构与商业银行竞合是否对企业绩效起到了提升作用。本章首先从理论上分析了第三方支付机构与商业银行竞合对企业绩效的影响；其次结合相关财务数据构建多期双重差分模型对该问题进行实证检验。

5.1　竞合绩效影响的理论基础与研究假设

5.1.1　理论基础

（1）组织学习

组织学习的概念由阿格里斯和肖恩（Argyris & Schon, 1974）提出以来得到了学术界的广泛关注。学习活动对于个体成长具有重要意义，而组织学习理论将个体拓展到组织层面，认为学习对于组织成长同样重要。其核心观点指出，组织需要通过适当的方式保证自身的学习成长，以应对不断变化的外部环境。

随着越来越多的企业意识到学习创新、与时俱进的重要性，企业开始期望通过与其他企业合作以获取更多的知识资源。由于知识是无形的，难以通过市场交易获得，与其他企业合作补充自身知识成为企业学习的重要方式之一。对于组织学习的方式，学者们进行了多方面的研究，胡贝尔（Huber, 1991）认为实践型学习和经验学习是企业学习的最佳方式。与其他企业合作并在互动中学习，是提高企业自身能力的重要途径。随着企业间合作的不断增多，企业间的关系活动、知识流动也愈加频繁，企业间相互学习、不断强化知识能力的现象屡见不鲜。

金融科技为金融创新提供了新的源动力，快速变化的技术环境也对企业提出了更高的要求。第三方支付机构与商业银行作为支付服务的主要提供者，需要不断补充自身资源和能力，才能在市场中保持竞争力。而通过合作向对方企业学习是快速获取知识的重要方式，第三方支付机构拥有更强的技术能力，商业银行拥有丰富的金融服务经验，互相学习不仅能够加强自身能力，更可能在不断的沟通互动中创造出新的知识。

（2）长尾理论

长尾理论（the long tail）最早由安德森（Anderson，2006）提出，用于描述亚马逊等网站的商业模式。长尾理论将客户按需求大小分为头部和尾部。在以往的商业模式中，由于关注尾部客户需要花费大量的成本且收益较低，企业往往选择重点发展头部客户，忽略了尾部客户的消费需求。亚马逊等商业模式的成功证明，虽然尾部客户单位收益较低，但只要客户规模足够大，其收益总和依然非常可观。

第三方支付机构借助互联网技术扩大了服务边界、降低了金融服务成本，对于实现普惠金融具有重要意义。现阶段第三方支付机构的长尾效应主要体现在两个方面：一是从个人客户层面看，第三方支付机构在一定程度上满足了普通客户的个性化理财需求，推动了金融服务模式的创新发展。随着各种"宝宝"类金融产品的推出，第三方支付机构为普通客户提供了门槛低、流动性高的个性化理财产品，深受客户喜爱。二是从企业客户层面看，第三方支付机构缓解了小微企业融资难的问题，为其发展提供了资金支持，帮助小微企业发展壮大。

5.1.2　研究假设

本部分在组织学习和长尾理论的启示下，对第三方支付机构和商业银行竞合的绩效影响进行理论分析，并提出研究假设。

（1）竞合影响的绩效维度

国内学者周杰等（2017）认为竞合对绩效的影响体现在多个方面。为了提高研究的针对性和准确性，本章以第三方支付机构与商业银行当前的合作领域为基础，筛选当前合作领域可能影响的绩效维度，并对其进行针对性分析，以期准确反映第三方支付机构与商业银行竞合对绩效的真实影响。

表5.1汇报了目前部分第三方支付机构与商业银行合作的具体内

容。可以发现，第三方支付机构与商业银行合作的领域主要包括以下两个方面。一是业务方面的合作。第三方支付机构和商业银行的合作包含了许多共同推进金融服务的具体协议条款。例如，蚂蚁金服与中国建设银行共推信用卡服务、京东集团与中国工商银行在消费贷方面展开合作等。这些合作内容传递了明确的信号，即未来第三方支付机构将与商业银行在金融服务的核心业务领域展开全面合作。第三方支付机构利用自身客户资源优势为商业银行导流，商业银行在资金供给方面给予第三方支付机构一定支持。双方形成全面合作，各自专业化。二是金融科技方面的合作。许多商业银行和第三方支付机构都在协议中提到了共建金融实验室，在金融科技领域展开合作。科技化是金融行业未来的重要发展方向，目前大多数商业银行和第三方支付机构的金融科技技术还处于初步发展阶段，双方合作共同进行技术研发是提高自身技术创新能力的重要手段。

表5.1　　　　　　　　　第三方支付机构与商业银行的合作内容

商业银行	第三方支付机构	合作时间	合作形式	合作内容
中国建设银行	蚂蚁金服	2017年3月28日	战略合作	(1) 共推信用卡服务； (2) 线上线下渠道共享、共建征信体系
中国工商银行	京东	2017年6月16日	全面合作	(1) "工银小白"数字银行； (2) 共建线下无人店，在消费金融、零售银行、征信、资产管理等方面合作
中国农业银行	度小满	2017年6月20日	战略合作	(1) 联合推出转账功能，共建金融大脑、精准营销等领域合作； (2) 人工智能方面的合作
中国银行	财付通	2017年6月22日	战略合作	(1) 成立"中国银行—腾讯金融科技联合实验室"； (2) 在云计算、大数据、人工智能方面开展深度合作

　　由以上分析可知，当前第三方支付机构与商业银行合作的领域主要包括两方面——业务推广和金融科技，这两个方面在绩效方面的体现集中于财务绩效和创新绩效。因此，本章重点研究第三方支付机构与商业银行竞合对财务绩效和创新绩效的影响。

　　（2）竞合对财务绩效的影响

　　第3章对资源依赖理论进行了介绍，从资源依赖的视角看，第三方支付机构与商业银行竞合是企业为了自身发展，从外界获得所需资源的一种手段。在不确定市场中，两者可以通过竞合保证资源供给，并利用市场机会发展自身业务。以往研究表明，资源具有显著差异的企业相互合作能够有效降低企业成本，提高企业收益（Harrison，1991）。资源互补不仅能帮助企业获得范围经济，更能帮助企业开发出新的资源和能力（Hitt et al.，2001）。有关竞合的研究也表明，与竞争对手进行合作有助于提升企业财务绩效（杨震宁和赵红，2020；彭珍珍等，2020）；并将其解释为企业通过竞合可以获得关键性互补资源，同时外部资源和渠道的内化，帮助企业拓宽了业务服务的渠道，获得范围经济（Huang & Yu，2011）。另外，竞争对手间往往拥有类似的业务目标和相近的行业知识，借助竞合企业可以有效推动业务发展。有关第三方支付机构与商业银行竞合的研究也认为，两类企业引入合作关系能够有效促进业务的增长、提高金融服务效率、提升企业绩效表现（褚蓬瑜和郭田勇，2014）。

　　长尾理论能较好地诠释第三方支付机构为什么能够迅速立足金融市场获取巨额利润。以往我国商业银行将客户定位于头部，对中小企业和个人客户关注较少。而第三方支付机构借助平台优势对尾部客户进行挖掘，经营个性化和零散的金融产品，创造出独特的服务优势，长尾客户群体虽然单位业务量和利润较小，但是依靠着庞大的基数形成了巨大的利润空间。

　　结合第三方支付机构与商业银行的实际情况来看，两者优势资源禀赋有着较强的互补性。两者竞合可以从多方面创造价值，提升企业财务绩效。一是客户资源的补充。第三方支付机构凭借新型服务模式累积了大量中小客户，为金融服务市场带来了庞大的客户资源。而商业银行经过多年的经营，有着稳定的客户群体，两者建立竞合关系，能够共享客户资源，充分开拓市场。同时，从长尾理论的视角看，第三方支付机构能够为商业银行导流更多长尾客户，带来更多利润来源。二是业务渠道的补充。第三方支付机构有着较为成熟的用户平台和较为完善的线上销售渠道，能够有效拓展商业银行现有业务渠道，增强商业银行账户的交易频次和账户活跃度，带动银行业务收益的增长。与此同时，服务的线上化，有助于商业银行进一步缩减网点和人员投入，有效降低商业银行的运行成本，提高资金效率。据此本研究提出如下假设。

假设 5 - 1：第三方支付机构与商业银行竞合有助于企业财务绩效的提升。

（3）竞合对创新绩效的影响

基于资源依赖理论的视角，竞争企业间资源的互补，有利于企业提升研发效率（Hitt et al. , 2001）。现有研究表明，与竞争对手合作，有利于企业获得创新所需的相关行业知识，提升自身创新绩效。昆塔纳等（Quintana et al. , 2004）研究发现，与竞争对手的合作有利于企业获得新的技能和知识，提高企业自身研发能力。帕克等（Park et al. , 2014）实证检验了竞合对创新绩效的影响，发现企业间的竞合关系有助于提升创新绩效。古拉蒂等（Gulati et al. , 2000）认为，当外部环境具有不确定性时，与外部企业合作有助于企业稳定创造价值的过程，提高创新效率。

从组织学习的视角来看，组织间的相互学习是企业提升自身创新能力的重要途径。合作不仅能够带来知识资源的流动，更能为企业创造更多相互学习和沟通的机会。通过不断的学习交流，企业能够将对方知识内化，提高自身的知识能力和创新能力。同时，企业间合作有助于聚集更多的技术创新资源、降低企业学习成本、分摊研发费用，有效提升企业创新效率。

结合第三方支付机构与商业银行的实际情况来看，两者竞合可以从多个方面影响企业创新绩效。一是应对技术环境变化。支付市场客户需求、技术环境变化较快，从外界寻找合作伙伴有助于第三方支付机构与商业银行获取更多行业知识并稳定价值创造过程，有利于产品的研发和创新。二是分摊研发费用。第三方支付机构与商业银行的金融科技创新需要较大的研发投入，竞合能够帮助分摊研发费用、降低研发成本、提高创新效率。三是提高金融科技能力。与第三方支付机构不同，商业银行是金融服务机构，技术背景较为薄弱。从合作内容也可以看出，商业银行借助第三方支付机构提升技术能力的意图明显。相关学者的研究也表明，商业银行与第三方支付机构竞合有助于加强对金融科技前沿知识的了解，一定程度上提高商业银行的金融科技能力（王光远，2015；张庆君和刘靖，2017）。据此本研究提出如下假设。

假设 5-2：第三方支付机构与商业银行竞合有助于企业创新绩效的提升。

5.2　竞合绩效影响的研究设计

5.2.1　研究方法与适用性分析

本部分对研究中使用的方法进行了介绍，并对该方法的适用性进行了分析。

（1）研究方法

本研究采用多期双重差分模型对竞合的绩效影响进行实证分析。双重差分模型（又称 DID 模型、倍差法）常用于评估某一事件的影响程度，主要应用于混合截面数据中。该方法的研究思路是将研究样本分为两组：一组是事件作用组，即实验组；另一组是事件未作用组，即对照组。根据实验组和对照组在事件发生前后的相关信息，可以计算实验组在事件发生前后某指标（如收益）的变化量，同时还可以计算出对照组在事件发生前后同一指标的变化量。然后比较上述两个变化量的差值，即为"倍差值"。这一方法的关键是，同时比较了实验组和对照组的差别（横向比较）及各组自身在事件发生前后的差别（纵向比较），使模型可以在分离其他因素的情况下，估计单一事件对样本的净影响。多期DID拓展了DID的适用范围，不再要求统一的事件发生时间，允许个体有自己的事件发生时间，以本章为例，尽管各企业建立竞合的时间不同，但可以统一将未竞合的企业作为对照组、已竞合的企业作为实验组，然后使用该模型对其进行分析研究。

（2）适用性分析

本章研究的重点是第三方支付机构与银行竞合是否提高了企业的绩效表现，因此竞合前后的绩效变化是关注的重点。众所周知，影响企业绩效表现的因素众多，仅根据建立竞合前后绩效的变化来进行判断无法准确体现竞合带来的真实效果。采用多期DID的方法，可以较好地避免这一问题。一方面，企业竞合前后的绩效可能存在差异；另一方面，已竞合和未竞合的企业间绩效可能存在差异，具有对照效果。因此，这一研究问题具有双重差异的特征，适用于DID的分析范围。另外，DID模型的基本要素包括一个事件、一个对照组及一个事件发生结果。在本章中，事件、已竞合企业为实验组，而未竞合企业可作为对照组，竞合后的绩效表现是事件结果，符合DID模型的基本要素，具有可行性。综上所述，本章尝试使用多期DID模型来考察第三方支付机构与商业银行竞合是否能够提高企业的绩效表现。

5.2.2 双重差分模型构建

在模型构建方面，首先需要对样本进行分组。第一组（实验组）

是已竞合企业，第二组（对照组）是未竞合企业。设分组虚拟变量为 $Coopertition_i$，第一组（实验组）记为 $Coopertition_1 = 1$，第二组（对照组）记为 $Coopertition_0 = 0$。同时，设时间虚拟变量为 $Time_i$，竞合开始前的时间（事件发生前）记为 $Time_0 = 0$，竞合发生后的时间（事件发生后）记为 $Time_1 = 1$。分组虚拟变量 $Coopertition_i$ 与时间虚拟变量 $Time_i$ 的交互项即为双重差分的估计量，代表竞合是否起到了效果。$Performance$ 代表实证模型的因变量，表示各企业绩效；$Control$ 为控制变量，以便更准确地观察结果；ε 为随机扰动项，代表无法观测的影响因素。为了更贴近实际，本章还对企业的个体效应和时间效应进行了双向固定。下面建立双差分模型如下，并使用这一模型对相关假设进行检验。

$$Performance_{it} = \beta_0 + \beta_1 Coopertition_{it} + \beta_2 Time_{it} + \beta_3 Coopertition_{it} \times Time_{it}$$
$$+ Control_{it} + c_i + c_t + \varepsilon_{it} \quad\quad (5-1)$$

考虑大部分第三方支付机构与商业银行竞合后，其绩效影响具有一定的时滞性，且两者竞合从签署协议到执行是一个渐进的过程。本研究对建立竞合关系后两年的绩效指标进行了追踪分析，检验竞合对企业绩效的动态效应。这一检验的具体做法是引入各时间虚拟变量和建立竞合关系的变量做交互项，其中，$Coopertition_{it} \times pre$ 对应竞合前几年的绩效表现，$Coopertition_{it} \times current$ 代表竞合当年的绩效影响，$Coopertition_{it} \times after$ 代表竞合后几年的绩效影响，在考察竞合关系对企业绩效的动态边际影响效应时，关注的系数为各年份与竞合关系交互项前的系数 $\beta_1 \sim \beta_9$。

$$Performance_{it} = \beta_0 + \beta_1 Coopertition_{it} \times pre4 + \beta_2 Coopertition_{it} \times pre3$$
$$+ \beta_3 Coopertition_{it} \times pre2 + \beta_4 Coopertition_{it} \times pre1$$
$$+ \beta_5 Coopertition_{it} \times current + \beta_6 Coopertition_{it} \times after1$$
$$+ \beta_7 Coopertition_{it} \times after2 + Control_{it} + c_i + c_t + \varepsilon_{it} \quad (5-2)$$

5.2.3　变量说明和数据来源

考虑当前第三方支付机构财务数据不可得，本研究仅能考察竞合对商业银行的绩效影响。随着数据的不断公开化，在后续研究中可以对第三方支付机构的绩效影响进行补充分析。因此在变量选取方面，本研究着重参考了银行绩效的相关论文。

（1）变量说明

① 被解释变量：银行绩效。由前面分析可知，当前商业银行与第三方支付机构建立竞合关系后，主要的合作是互推业务及共建金融科技实验室，其影响的绩效方面为财务绩效和创新绩效。本研究借鉴卡苏等（Casu et al.，2013）、李程等（2016）及何靖（2016）的相关研究，选取平均资产收益率（ROAE）和成本收益率（CTI）作为反映银行财务绩效的量化指标。选取手续费及佣金净利润与银行总资产的比值（INNOVATION）作为反映银行创新绩效的量化指标。该指标是目前较为常见和使用度较高的银行创新绩效测度指标。相关研究认为银行的存贷业务是传统业务，主要为银行带来利息收入；而手续费及佣金净收入等非利息收入是由基金、信托、投资、保险、代理、咨询等新兴业务贡献的，因此这类新兴业务收入占比能够较好反映银行的创新绩效。

② 解释变量：本研究的核心解释变量为竞合效应，即分组虚拟变量（$Coopertition_i$）与时间虚拟变量（$Time_i$）交互项的系数。其含义是第三方支付机构与商业银行竞合后，对相应绩效是否起到了效果。当前对于第三方支付机构与商业银行是否建立竞合关系没有统一的数据，从目前已合作的商业银行来看，与第三方支付机构进行合作后，会在网络上发布新闻声明与某第三方支付机构达成战略合作协议。本研究对每家样本银行进行百度搜索，关键词为某某银行战略合作，如果搜索结果中包含与第三方支付机构的战略合作等新闻，则视为与第三方支付机构建立竞合关系。以其战略合作协议签署日期作为竞合关系建立的时间，而未搜索到的商业银行，则视为未与第三方支付机构建立竞合关系。

③ 控制变量：为了使结果更为准确、控制误差，本研究参考卡苏等（2013）、李程等（2016）及何靖（2016）的相关研究，选取商业

银行规模（*SIZE*）、贷存比（*LDR*）、资本充足率（*CAR*）、贷款拨备率（*LPR*）及核心一级资本比例（*TIER*1）作为研究模型中的控制变量。

（2）数据来源

由于第三方支付机构财务数据不可得，本研究仅考察了竞合对商业银行绩效的影响。本研究以 BankFocus 数据库中 201 家中国银行作为考察样本，数据期间为 2013～2019 年。在剔除掉缺失值和异常值后，本研究共得到 845 个观测值。商业银行的相关财务数据均来自 BankFocus 数据库，变量说明如表 5.2 所示。

表 5.2 竞合对绩效影响模型的变量说明

变量名称及分类	变量符号	变量含义
因变量：财务绩效	*ROAE*	平均资产收益率
	CTI	成本收益率
因变量：创新绩效	*INNOVATION*	手续费及佣金净利润/银行总资产
自变量：竞合效应	*Coopertition × Time*	竞合效应
控制变量	*SIZE*	银行规模（总资产取对数）
	LPR	贷款拨备率
	CAR	资本充足率
	LDR	贷存比
	*TIER*1	核心一级资本比例

5.3 竞合绩效影响的实证分析

5.3.1 描述性统计

（1）样本分布

表 5.3 汇报了各银行与第三方支付机构建立合作关系的时间分布情

况，其中 2013 年、2014 年各有一家，2015 年有两家商业银行与第三方支付机构合作。而 2017～2018 年，在蚂蚁金服与中国建设银行签署合作协议之后，陆续共有 66 家商业银行与第三方支付机构建立合作关系，互推金融服务，共同开发金融科技。截至 2019 年底，还未与支付机构建立合作关系的商业银行共计 131 家，占样本比例 65.2%。

表5.3　　　　　　　　　　商业银行样本分布

时间	数量（家）	占比（%）	时间	数量（家）	占比（%）
2013 年实验组	1	0.5	2017 年实验组	18	9.0
2014 年实验组	1	0.5	2018 年实验组	25	12.4
2015 年实验组	2	1.0	2019 年实验组	23	11.4
2016 年实验组	0	0			

控制组：未与第三方支付机构建立竞合关系的商业银行 131 家　占比：65.2%

（2）描述性统计

表5.4 汇报了各变量的描述性统计情况。首先是商业银行的绩效指标。整体来看，实验组（已竞合）的绩效指标均高于控制组（未竞合）。其中差异较大的是创新绩效，实验组创新绩效的均值（0.432）约为控制组（0.349）的 1.23 倍。

表5.4　　　　　　竞合对绩效影响模型变量的描述性统计

变量	处理效应	观测值	均值	最大值	最小值	标准差
ROAE	控制组	589	0.008	0.019	0.001	0.004
	实验组	256	0.009	0.018	0.001	0.003
CTI	控制组	589	0.435	0.846	0.210	0.138
	实验组	256	0.352	0.700	0.210	0.074
INNOVATION	控制组	589	0.349	3.247	0.007	0.518
	实验组	256	0.432	3.247	0.015	0.323
SIZE	控制组	589	11.540	14.090	8.844	1.000
	实验组	256	13.820	16.930	10.490	1.710

续表

变量	处理效应	观测值	均值	最大值	最小值	标准差
LPR	控制组	589	0.011	0.030	0.001	0.006
	实验组	256	0.012	0.030	0.001	0.005
CAR	控制组	589	0.154	0.480	0.104	0.066
	实验组	256	0.129	0.175	0.104	0.015
LDR	控制组	589	0.679	1.123	0.315	0.127
	实验组	256	0.702	1.123	0.315	0.146
*TIER*1	控制组	589	0.135	0.469	0.080	0.070
	实验组	256	0.104	0.147	0.080	0.014

其次是商业银行规模和贷存比。从均值来看，实验组商业银行规模（13.820）明显高于控制组（11.540），说明与第三方支付机构合作的商业银行大多为大型商业银行。实验组贷存比（0.702）与控制组（0.679）相近，说明两组银行在放贷比例方面没有较大差距。另外，实验组的资本充足率、一级核心资本率要明显低于控制组，贷款拨备率略高于控制组。

在共线性检验方面，本研究对相关变量进行了 Pearson 相关性分析。结果表明自变量与控制变量间相关性较低。在控制变量中，资本充足率和一级核心资本率间相关系数较大，可能导致控制变量间具有一定的共线性。然而，已有研究认为资本充足率与一级核心资本率是影响银行绩效的重要因素，所以在实证研究设计中，需同时控制这两个变量，避免变量遗漏的问题。

5.3.2　样本匹配与模型检验

从表5.4中的结果可以看出，我国第三方支付机构与商业银行基本面存在很大差异，发展状况参差不齐，这也直接导致参与回归的样本在企业规模、盈利能力方面本身就存在较大的差异。如果不能有效消除这些个体差异，回归时可能存在样本选择偏误等问题。因此，本研究借鉴法鲁焦和伍迪（Farruggio & Uhde, 2015）、何靖（2016）的研究，使用罗森鲍姆和鲁宾（Rosenbaum & Rubin, 1984）所提出的倾向得分匹配方法（Propensity Score Matching, PSM）对样本进行匹配，降低选择偏误。

　　倾向得分匹配法降低选择偏误的思路是在控制组中依据各特征变量找到尽可能与实验组相仿的样本，最大程度还原实验组各样本在不受竞合影响情况下的绩效表现，然后通过对比检验竞合对绩效的影响。虽然倾向得分匹配不能完全杜绝个体的内生性问题，但它在很大程度上减少了实验组与控制组间的系统性差异，有效提高了模型预测的精度。当然，倾向得分匹配法也存在一定的局限，如果样本需要匹配的变量较多，就意味着需要在高维空间进行匹配工作，一旦数据量无法支持，就可能出现匹配结果不理想的情况。因此，选择合适的匹配变量对最终匹配结果十分重要。在参考何靖（2016）的研究后，本研究根据商业银行个体特征，选取了银行规模（$Size$）、资本拨备率（LPR）、资本充足率（CAR）、贷存比（LDR）、核心一级资本率（$TIER1$）5 个可观测变量用于实验组和控制组的匹配工作。

　　在匹配方法方面，本研究借鉴吴先明和张玉梅（2019）的研究，采用近邻匹配方法进行。具体匹配过程是首先使用 Logit 回归计算样本的倾向得分，之后根据倾向得分进行匹配。为了提高匹配效率，本研究允许样本并列，即当两个控制组样本与实验组差距相同时，允许一配多。在实际操作中，本研究参考吴先明和张玉梅（2019）的研究，一个实验组样本匹配两个控制组样本。从匹配结果看（见表5.5），匹配后的实验组和控制组的标准偏差均在20%以内（罗森鲍姆和鲁宾所给出的经验标准为20%），各匹配变量的 t 值均不拒绝实验组和控制组无差异的原假设，说明本研究的匹配工作取得了很好的效果，匹配后的数据结果具有很好的平衡性，符合可比性要求。匹配后数据可以进一步进行多期双重差分检验。

表 5.5　　　　　　　倾向得分匹配（PSM）平衡性检验结果

变量	匹配状态	标准偏差（%）	偏差减少幅度（%）	t 统计量	p 值
SIZE	匹配前	163.0	97.40	24.24	0.000
	匹配后	4.2		0.65	0.514
LPR	匹配前	22.2	31.60	2.89	0.004
	匹配后	−15.2		−1.26	0.207
CAR	匹配前	−52.8	98.00	−6.05	0.000
	匹配后	1.1		0.33	0.739
LDR	匹配前	16.6	63.20	2.29	0.022
	匹配后	6.1		0.64	0.526
TIER1	匹配前	−61.0	98.60	−6.97	0.000
	匹配后	0.9		0.33	0.739

5.3.3　实证结果

本部分汇报了竞合对绩效影响的实证检验结果，包括竞合对绩效的影响效应检验和竞合对绩效影响的动态效应检验两部分。

（1）竞合对绩效的影响效应检验

表 5.6 汇报了商业银行与第三方支付机构建立竞合关系对绩效影响的实证结果。在进行样本匹配后，模型观测样本降至 302 个，样本银行数量降至 98 家。由模型（1）和模型（2）的实证结果可知，平均资产收益率的竞合效应系数为 0.012，显著为正，说明建立竞合关系对商业银行的盈利能力产生了显著正向影响。由模型（3）和模型（4）的实证结果可知成本收益率的竞合效应系数为 −0.020，显著为负，表明建立竞合关系显著降低了商业银行的成本收益率，明显改善了商业银行的成本收益比，资金效率明显提升。由模型（5）和模型（6）的实证结果可知创新绩效的竞合效应系数并不显著，表明竞合对商业银行的创新绩效没有造成显著影响。

表 5.6　　　　　　　　竞合对绩效影响的实证检验

变量	ROAE		CTI		INNOVATION	
	(1)	(2)	(3)	(4)	(5)	(6)
DID	0.015 * (1.71)	0.012 ** (2.02)	−0.017 (−1.51)	−0.020 * (−1.98)	−0.112 (−1.15)	−0.103 (−1.18)
SIZE		0.033 (1.52)		−0.114 *** (−3.89)		−0.215 (−1.27)
LPR		−2.155 *** (−4.38)		−2.206 *** (−3.95)		22.293 *** (3.04)
CAR		0.545 ** (2.21)		−0.534 (−1.65)		−4.499 (−1.26)
LDR		−0.118 *** (−4.46)		−0.000 (−0.00)		0.564 (1.64)
TIER1		−0.645 ** (−2.61)		−0.106 (−0.34)		2.462 (0.75)
Constant	0.198 *** (12.69)	−0.119 (−0.44)	0.386 *** (22.83)	1.849 *** (5.17)	0.115 (0.77)	2.462 (1.29)
观测值	302	302	302	302	302	302
银行数量	98	98	98	98	98	98
R^2	0.519	0.676	0.442	0.566	0.058	0.194
控制变量	NO	YES	NO	YES	NO	YES
个体效应	YES	YES	YES	YES	YES	YES
年份效应	YES	YES	YES	YES	YES	YES

注：括号内为 t 值；*** $p<0.01$，** $p<0.05$，* $p<0.1$。

（2）竞合对绩效影响的动态效应检验

表5.7汇报了商业银行与第三方支付机构建立竞合关系对绩效影响的动态效应。由模型（7）和模型（8）的实证结果可知，在当期和滞后一期的动态效应检验中，平均资产收益率的竞合效应系数均不显著，而在滞后两期的动态效应检验中，竞合对平均资产收益率产生了显著正向影响。由模型（9）和模型（10）的实证结果可知，竞合当期和滞后两期的成本收益率系数均显著为负，表明建立竞合关系对降低商业银行成

本收益率具有显著效果，且这一效果在滞后期中依然有效。由模型（11）和模型（12）的实证结果即使考虑滞后效应，就目前而言，创新绩效的竞合效应系数也并不显著。

表 5.7 竞合对绩效影响的动态效应检验

变量	ROAE		CTI		INNOVATION	
	(7)	(8)	(9)	(10)	(11)	(12)
Pre4 × treated	0.004 (0.30)	0.006 (0.52)	−0.015 (−1.07)	−0.005 (−0.42)	−0.034 (−0.28)	−0.058 (−0.62)
Pre3 × treated	−0.003 (−0.33)	0.000 (0.06)	−0.021 * (−1.85)	−0.002 (−0.16)	−0.051 (−0.67)	−0.105 (−1.27)
Pre2 × treated	−0.005 (−0.90)	−0.006 (−1.28)	−0.007 (−0.74)	−0.003 (−0.31)	0.133 (1.12)	0.137 (1.19)
Pre1 × treated	基准组					
Current × treated	0.008 (1.02)	0.009 (1.48)	−0.021 ** (−2.17)	−0.018 ** (−2.31)	−0.075 (−1.13)	−0.089 (−1.30)
After1 × treated	0.013 (1.26)	0.008 (1.04)	−0.028 ** (−2.59)	−0.025 *** (−3.19)	−0.072 (−0.77)	−0.044 (−0.49)
After2 × treated	0.020 * (1.67)	0.014 * (1.74)	−0.027 *** (−2.97)	−0.027 *** (−2.78)	0.003 (0.03)	0.026 (0.25)
SIZE		0.034 (1.49)		−0.116 *** (−3.76)		−0.181 (−1.18)
LPR		−2.188 *** (−4.23)		−2.232 *** (−3.82)		23.981 *** (2.93)
CAR		0.553 ** (2.13)		−0.504 (−1.55)		−4.426 (−1.24)
LDR		−0.114 *** (−4.20)		−0.001 (−0.03)		0.491 (1.55)
TIER1		−0.684 *** (−2.68)		−0.127 (−0.38)		3.651 (1.00)
Constant	0.196 *** (14.55)	−0.124 (−0.45)	0.389 *** (26.18)	1.868 *** (4.98)	0.130 (1.04)	1.965 (1.12)
观测值	302	302	302	302	302	302

续表

变量	ROAE		CTI		INNOVATION	
	（7）	（8）	（9）	（10）	（11）	（12）
银行数量	98	98	98	98	98	98
R^2	0.521	0.678	0.451	0.569	0.076	0.222
控制变量	NO	YES	NO	YES	NO	YES
个体效应	YES	YES	YES	YES	YES	YES
年份效应	YES	YES	YES	YES	YES	YES

注：括号内为 t 值；*** $p<0.01$，** $p<0.05$，* $p<0.1$。

5.3.4 稳健性检验

根据前面的分析，如果不同组间样本在竞合前后存在事前差异，就会导致对竞合效果的有偏估计。尽管本研究已对样本进行了匹配，也对模型进行了平行性检验。为了保障结果的稳定性，本研究借鉴陈等（Chen et al.，2018）的研究，进一步采用安慰剂检验对本章结果进行稳健性测试。

（1）安慰剂检验

本研究考察期为 2013～2019 年，为了验证本研究实证结果的可靠性，本研究参考何靖（2016）的研究，将处理组和对照组的考察期缩短为 2014～2017 年，进行安慰剂检验。安慰剂检验的具体做法是，假定商业银行与第三方支付机构的合作年份并非实际年份。在这一情况下，检验假定年份前后实验组与对照组间是否仍然存在差异。具体操作方法为，假定 2016 年为合作年份，即大部分商业银行竞合实际开始的前一年，如果竞合为随机事件（相对银行变量外生），假定合作年份与 DID 的交互项系数（ASSUMDID）在统计意义上应不显著。

表5.8 报告了竞合对绩效影响安慰剂检验的回归结果。第（13）、第（15）、第（17）展示了没有添加控制变量的回归结果，第（14）、第（16）、第（18）展示了添加全部控制变量并控制了个体和时间效应

的回归结果。可以看出，*ASSUMDID* 的系数结果全部不再显著，表明如
果假定竞合在实际开始一年前进行，假定事实无法增加商业银行的平均
资产收益率、降低商业银行的成本收益率，说明竞合的时间是随机发生
的，本研究的结果具有稳健性。

表5.8　　　　　　　　　　竞合对绩效影响的安慰剂检验

变量	*ROAE*		*CTI*		*INNOVATION*	
	(13)	(14)	(15)	(16)	(17)	(18)
ASSUMDID	0.011 (1.25)	0.007 (0.94)	0.001 (0.06)	−0.005 (−0.41)	−0.184 (−0.91)	−0.158 (−0.88)
SIZE		0.001 (0.04)		−0.100 *** (−2.65)		−0.574 * (−1.97)
LPR		−1.431 *** (−2.65)		−3.399 *** (−8.29)		23.240 *** (2.94)
CAR		0.178 (0.67)		−0.651 * (−1.88)		−5.252 (−0.94)
LDR		−0.056 (−1.52)		−0.131 *** (−2.67)		0.434 (1.33)
*TIER*1		−0.598 * (−1.85)		0.661 (1.40)		1.891 (0.39)
Constant	0.158 *** (46.53)	0.239 (0.77)	0.391 *** (56.24)	1.724 *** (3.92)	0.326 *** (10.44)	7.135 ** (2.05)
观测值	193	193	193	193	193	193
银行数量	86	86	86	86	86	86
R^2	0.433	0.540	0.307	0.579	0.031	0.145
控制变量	NO	YES	NO	YES	NO	YES
个体效应	YES	YES	YES	YES	YES	YES
年份效应	YES	YES	YES	YES	YES	YES

注：括号内为 t 值；*** $p<0.01$，** $p<0.05$，* $p<0.1$。

表5.9报告了竞合对绩效影响动态效应安慰剂检验的回归结果。第
（19）、第（21）、第（23）展示了没有添加控制变量的回归结果，第
（20）、第（22）、第（24）展示了添加全部控制变量并控制了个体和时

间效应的回归结果。可以看出，各系数的当期和滞后系数结果全部不再显著，表明如果假定竞合在实际开始一年前进行，假定事实无法增加滞后期商业银行的平均资产收益率，也无法降低滞后期的商业银行成本收益率，说明竞合的时间是随机发生的，本研究有关动态效应的检验结果同样具有稳健性。

表 5.9　　　　　　　竞合对绩效影响动态效应的安慰剂检验

变量	ROAE		CTI		INNOVATION	
	(19)	(20)	(21)	(22)	(23)	(24)
Pre2 × treated	0.013 (1.49)	0.010 (1.12)	0.014 (0.79)	−0.003 (−0.23)	−0.095 (−0.61)	−0.026 (−0.16)
Pre1 × treated	基准组					
Current × treated	0.007 (0.97)	−0.005 (−0.61)	0.007 (0.51)	−0.014 (−1.15)	−0.186 (−0.92)	−0.096 (−0.47)
After1 × treated	0.016 (0.66)	0.005 (0.65)	0.012 (0.94)	−0.007 (−0.56)	−0.169 (−0.85)	−0.112 (−0.56)
Size		0.001 (0.05)		−0.098 ** (−2.63)		−0.564 ** (−2.05)
LPR		−1.468 *** (−2.67)		−3.515 *** (−8.71)		22.709 *** (3.37)
CAR		0.206 (0.78)		−0.665 * (−1.83)		−5.486 (−0.87)
LDR		−0.054 (−1.59)		−0.128 ** (−2.53)		0.457 (1.27)
Tier1		−0.677 ** (−2.20)		0.620 (1.34)		1.509 (0.30)
Constant	0.151 *** (29.32)	0.235 (0.78)	0.384 *** (27.73)	1.708 *** (3.93)	0.370 *** (5.22)	7.085 ** (2.10)
观测值	193	193	193	193	193	193
银行数量	86	86	86	86	86	86
R^2	0.442	0.550	0.312	0.583	0.030	0.140
控制变量	NO	YES	NO	YES	NO	YES
个体效应	YES	YES	YES	YES	YES	YES
年份效应	YES	YES	YES	YES	YES	YES

注：括号内为 t 值；*** $p<0.01$，** $p<0.05$，* $p<0.1$。

（2）更换匹配方法

为了提高结果的稳定性，本研究通过更换匹配方法，对现有结果进行进一步的稳健性检验。更换匹配方法的具体做法是，将原本 1 个实验组样本配 2 个控制组样本改为 1 个实验组样本配 3 个控制组样本。然后重复模型的分析过程，表 5.10 报告了更换匹配方法后，竞合对绩效影响稳健性检验的回归结果。第（25）、第（27）、第（29）展示了没有添加控制变量的回归结果，第（26）、第（28）、第（30）展示了添加全部控制变量并控制了个体和时间效应的回归结果。可以看出，平均资产收益率的系数依然显著为正，成本收益率的系数依然显著为负，而创新绩效的系数依然不显著。说明更换匹配方法后，结果没有改变，本研究的结果具有稳健性。

表 5.10　　　　竞合对绩效影响的稳健性检验（更换匹配方法）

变量	ROAE		CTI		INNOVATION	
	(25)	(26)	(27)	(28)	(29)	(30)
DID	0.013* (1.76)	0.010* (1.78)	−0.018* (−1.67)	−0.020** (−2.09)	−0.098 (−1.26)	−0.077 (−1.12)
Size		0.024 (1.28)		−0.094*** (−3.46)		−0.242* (−1.67)
LPR		−1.953*** (−4.41)		−2.332*** (−4.69)		21.899*** (3.33)
CAR		0.557** (2.61)		−0.731** (−2.33)		−4.898 (−1.64)
LDR		−0.112*** (−4.05)		−0.004 (−0.11)		0.452 (1.50)
Tier1		−0.749*** (−3.60)		−0.023 (−0.08)		3.507 (1.15)
Constant	0.190*** (13.10)	−0.007 (−0.03)	0.397*** (27.80)	1.632*** (5.08)	0.124 (1.05)	2.825* (1.75)
观测值	348	348	348	348	348	348

续表

变量	ROAE		CTI		INNOVATION	
	（25）	（26）	（27）	（28）	（29）	（30）
银行数量	104	104	104	104	104	104
R^2	0.528	0.671	0.419	0.544	0.052	0.199
控制变量	NO	YES	NO	YES	NO	YES
个体效应	YES	YES	YES	YES	YES	YES
年份效应	YES	YES	YES	YES	YES	YES

注：括号内为 t 值；*** p<0.01，** p<0.05，* p<0.1。

表 5.11 报告了更换匹配方法后，竞合对绩效影响动态效应的稳健性检验结果。第（31）、第（33）、第（35）展示了没有添加控制变量的回归结果，第（32）、第（34）、第（36）展示了添加全部控制变量并控制了个体和时间效应的回归结果。可以看出，平均资产收益率的滞后期系数依然显著为正，成本收益率的滞后期系数依然显著为负，而创新绩效的滞后期系数依然不显著。说明更换匹配方法后，结果没有改变，本研究的结果具有稳健性。

表 5.11　竞合对绩效影响动态效应的稳健性检验（更换匹配方法）

变量	ROAE		CTI		INNOVATION	
	（31）	（32）	（33）	（34）	（35）	（36）
Pre4 × treated	0.010 (0.74)	0.010 (0.99)	−0.008 (−0.53)	0.001 (0.05)	−0.025 (−0.23)	−0.039 (−0.48)
Pre3 × treated	0.001 (0.10)	0.004 (0.58)	−0.016 (−1.60)	0.003 (0.35)	−0.055 (−0.89)	−0.104 (−1.50)
Pre2 × treated	−0.002 (−0.34)	−0.003 (−0.70)	−0.008 (−1.15)	−0.003 (−0.44)	0.106 (1.01)	0.112 (1.09)
Pre1 × treated	基准组					
Current × treated	0.009 (1.53)	0.009 (1.64)	−0.020 ** (−2.18)	−0.017 ** (−2.28)	−0.080 (−1.53)	−0.082 (−1.49)
After1 × treated	0.012 (1.55)	0.008 (1.21)	−0.029 ** (−2.57)	−0.025 *** (−3.18)	−0.060 (−0.83)	−0.033 (−0.46)

续表

变量	ROAE		CTI		INNOVATION	
	(31)	(32)	(33)	(34)	(35)	(36)
After2 × treated	0.021 ** (2.14)	0.012 * (1.79)	− 0.027 ** (− 2.35)	− 0.027 ** (− 2.54)	− 0.017 (− 0.18)	0.026 (0.28)
Size		0.023 (1.21)		− 0.096 *** (− 3.42)		− 0.215 (− 1.64)
LPR		− 1.991 *** (− 4.25)		− 2.394 *** (− 4.69)		23.391 *** (3.23)
CAR		0.567 ** (2.52)		− 0.715 ** (− 2.24)		− 4.928 (− 1.65)
LDR		− 0.108 *** (− 3.85)		− 0.003 (− 0.07)		0.404 (1.43)
Tier1		− 0.787 *** (− 3.71)		− 0.060 (− 0.20)		4.308 (1.32)
Constant	0.187 *** (15.13)	− 0.001 (− 0.01)	0.397 *** (30.74)	1.658 *** (4.98)	0.132 (1.30)	2.451 (1.66)
观测值	348	348	348	348	348	348
银行数量	104	104	104	104	104	104
R^2	0.531	0.675	0.427	0.548	0.065	0.224
控制变量	NO	YES	NO	YES	NO	YES
个体效应	YES	YES	YES	YES	YES	YES
年份效应	YES	YES	YES	YES	YES	YES

注：括号内为标准误；*** $p < 0.01$，** $p < 0.05$，* $p < 0.1$。

5.3.5 结果讨论

在研究假设部分，本研究关于第三方支付机构与商业银行竞合对绩效的影响提出了两条假设。经检验，一条假设通过了验证，另一条未能通过检验（见表5.6）。由于第三方支付机构财务数据不可得，本研究以商业银行为研究对象，考察竞合对企业绩效的影响。实证结果表明第三方支付机构与商业银行竞合对财务绩效具有显著正向作用，而对创新绩效没有显著作用。

在财务绩效方面，从实证结果来看，竞合对商业银行的平均资产收益率产生了显著正向影响。出现这一情况的原因可能是由于与第三方支付机构合作增加了商业银行的业务渠道，为商业银行开展业务提供了便利，增强了商业银行的盈利能力。同时，竞合显著降低了商业银行的成本收益率，明显改善了商业银行的成本收益比，资金效率得到了显著提升。出现这一情况的原因可能是由于与第三方支付机构建立竞合关系使商业银行的线下业务部分转为线上，降低了成本开支。与此同时，第三方支付机构丰富的客户资源，为商业银行高效拓展业务提供了可能。

在当期和滞后一期的动态效应检验中，平均资产收益率的竞合效应系数均不显著，而在滞后两期的动态效应检验中，竞合对平均资产收益率产生了显著正向影响。一个合理的解释是尽管第三方支付机构与商业银行 2017 年开始陆续签署战略合作协议，但协议落实到具体业务需要一定的时间，其对商业银行财务绩效的影响可能有一定的滞后性。另外，商业银行与第三方支付机构的合作处于初期尝试阶段，可借鉴的合作经验较少，到竞合开始后的第二年，才对商业银行的收益产生显著正向影响。因此，从长期来看，与第三方支付机构建立竞合关系有助于商业银行盈利能力的提升。在当期和滞后两期的动态效应检验，成本收益率的竞合效应系数均显著为负，表明建立竞合关系对降低商业银行成本收益率具有显著效果，且这一效果在滞后期中依然有效。出现这一情况的原因可能是由于，与第三方支付机构建立竞合关系后，商业银行可以对自身网点和人员的投入进行调整，有助于商业银行网点的缩减、服务的线上化，对商业银行改善成本效率具有显著正向作用，而这一改善作用在长期中依然有效。

在创新绩效方面，从实证结果看，竞合没有对商业银行的创新绩效造成显著影响。这可能是由于当前商业银行与第三方支付机构竞合时间较短，而创新研发需要较长的周期，因此竞合对创新绩效的影响还未显现。

在当期和滞后两期的动态效应检验中，创新绩效的竞合效应系数依然不显著。一方面，金融科技技术的创新研发需要较长的周期，竞合对创新绩效的影响在两年内难以显现。另一方面，根据中国支付清算协会（2020）对300余家商业银行和第三方支付机构进行的问卷调查显示，92.8%的商业银行依靠外部引入金融科技技术，商业银行对第三方支付机构金融科技技术的过分依赖也可能导致其自身创新意愿不强。

5.4　本章小结

本章研究了第三方支付机构与商业银行竞合的绩效影响。首先，基于组织学习视角和长尾理论，分析了第三方支付机构与商业银行竞合对财务绩效和创新绩效的影响。其次，以201家中国银行为研究样本，通过构建多期双重差分模型，实证分析了第三方支付机构与商业银行竞合对企业绩效的影响。研究结果表明，第三方支付机构与商业银行竞合能够显著提升银行的财务绩效，而对创新绩效没有显著影响。在进一步的动态效应分析中，研究发现竞合在当期和滞后两期均对财务绩效产生正向影响，而创新绩效即使考虑滞后两期，也没有显著影响。出现这一现象的原因可能是由于创新需要一定的时间，而当前两类企业的合作时间较短，其对创新的作用还未显现。本章的实证结果，肯定了当前第三方支付机构与商业银行竞合的价值，对于企业评估竞合效果提供了一定参考。

第6章

结论与启示

前面对第三方支付机构和商业银行的竞合前因、竞合过程、竞合结果逐一展开了机理研究。本章首先将梳理归纳前面的成果，以形成一个系统的研究结论；其次根据相关研究结论就如何促进两类企业共赢发展提出相关建议；最后对本书研究的局限性及未来可能的拓展性研究进行了阐述。

6.1　研究结论

科技与金融的深度融合将支付业打造为中国最具创新活力和发展前景的行业之一。第三方支付机构和商业银行作为支付体系核心服务的提供者，业务既有重叠又互为补充，既有竞争又需要合作。本书在这一背景下，以我国第三方支付机构与商业银行为研究对象，围绕竞合"前因—过程—结果"四个维度，综合运用资源依赖理论、复杂网络理论和博弈论，构建网络博弈模型、多期双重差分模型，系统性研究了两类企业复杂的竞合机理，为企业选择发展策略提供理论参考。本书的主要研究结论包括以下三个部分。

（1）基于前因视角阐释了第三方支付机构与商业银行竞合的驱动机理

本书采用问卷调查的研究方法，以商业银行为研究对象，实证发现资源动机、战略动机和成本动机均正向驱动了第三方支付机构与商业银行的竞合行为。其中，战略动机的驱动作用最强，成本动机次之，资源动机最弱。这一结论意味着，当前第三方支付机构与商业银行竞合的动机具有多样性，尽管弥补自身资源短板、降低成本等动机对两者竞合起到了正向作用，但提高市场竞争力、拓宽现有业务等战略动机才是两者竞合形成的主要驱动力。

（2）基于过程视角揭示了第三方支付机构与商业银行竞合的演化机理

本书基于网络演化博弈模型，分析了第三方支付机构与商业银行竞合的演化稳定策略，并讨论了相关因素对演化稳定策略的影响。研究发现，两类企业的演化稳定策略具有不确定性，而合作收益的增加、合作成本的降低、违约惩罚的提高有助于提升两个群体的合作水平，推动两类企业向合作主导演化。分群体看，本书发现第三方支付机构对利益和利益分配的要求低于商业银行；且第三方支付机构对合作收益、合作成本、违约惩罚及利益分配的变化更为敏感。在异质性分析中，本书发现不同第三方支付机构和商业银行在合作中的收益差别较大。综合实力排名前3位的商业银行和综合实力排名前2位的第三方支付机构在利益分配较为合理的情况下可以获得较为可观的合作收益，而实力排名靠后的商业银行和第三方支付机构无论利益分配的情况好坏，都难以从合作中获得理想的收益。

（3）基于结果视角明晰了第三方支付机构与商业银行竞合的绩效影响机理

本书构建多期双重差分模型，以商业银行作为研究对象，实证发现第三方支付机构与商业银行竞合能够显著提升财务绩效，而对创新绩效没有显著影响。在进一步的动态效应分析中，本书还发现，竞合在当期和滞后两期均对财务绩效产生正向影响，说明竞合对财务绩效不仅具有正向影响，且这一影响具有一定的持续性；而创新绩效即使考虑滞后两期，也依然没有显著影响。从具体指标看，商业银行通过与第三方支付机构竞合能够显著提高资产收益率、显著降低成本收益率。这一结果意味着竞合能够显著提高商业银行的收益，同时改善其成本利用效率；而创新绩效不显著可能是由于当前两类企业合作时间较短，创新需要一定的时间，竞合对创新的作用还未显现。

6.2　实践启示

当前，我国第三方支付机构与商业银行的竞合还处于初级阶段，如何有效促进两类企业优势互补、互惠共赢，保持金融行业平稳运行，不仅是企业也是政府部门需要认真思考的重要问题。结合本书的研究，从政府和企业两个层面总结出如下实践启示。

6.2.1　政府层面

（1）积极引导第三方支付机构和商业银行有序稳定合作

移动支付的快速崛起给经济金融带来了深刻影响。第三方支付机构和商业银行作为主要的支付服务提供商，稳定有序开展合作不仅可以扩大服务边界，创造更大收益，更有利于金融服务的创新发展。因此，在顶层设计上打造共生、共赢、共荣模式，积极引导第三方支付机构和商业银行有序开展合作，鼓励第三方支付机构与商业银行取长补短、相互依存，对于企业的协同发展及支付市场的创新发展具有重要意义。

（2）完善金融市场违约处理机制，营造良好合作环境

金融行业具有违约成本低、违约利益大的特点。从仿真结果来看，政府对违约企业的惩罚力度会对企业的策略选择产生重要影响。第三方支付机构与商业银行的优势资源具有极强的互补性，违约企业面临着较大的利益诱惑。完善金融市场违约处理机制，提高违约成本，对于维护市场稳定、营造良好合作环境具有重要意义。

6.2.2　企业层面

（1）第三方支付机构与商业银行应改变竞争思维，积极探寻新合作模式，在创新和变革中赢得新发展

本书借助实证方法验证了竞合对财务绩效的提升作用。毫无疑问，竞争者之间存在着"需要合作而难以合作"的"围墙"困境（李东红等，2020）。然而，从目前的结果来看，采用竞合策略有助于企业绩效的提升。因此，改变竞争思维，树立竞合理念，有助于企业在新金融环境中进一步发展。当前，部分第三方支付机构和商业银行已经开始采用竞

合策略，探寻新型合作模式。未来随着客户资源和技术能力的不断加强，双方可以进一步深入合作，扩大服务群体和业务范围，共享合作收益，在创新中实现高质量发展。

（2）第三方支付机构与商业银行应着力提高自身竞争力，在竞合中获取更多收益

从本书研究结果可以发现，实力越强的第三方支付机构和商业银行能够在竞合中获得更多合作机会，赢得更多利益。当前，第三方支付机构的客户平台资源和技术优势是其在竞合中的重要筹码。有意识地挖掘平台潜力，增强金融科技能力将帮助第三方支付机构获得更多银行的青睐。对于商业银行而言，提高金融服务能力，提升资金运行效率不仅能在合作中争取更多收益，更有助于稳固自身行业地位

（3）第三方支付机构与商业银行应在竞合中建立合理的利益分配机制

合理的利益分配机制是保证第三方支付机构与商业银行竞合长期稳定的重要前提。从仿真结果看，一个合理的利益分配机制对于第三方支付机构与商业银行的策略选择具有重要影响。只有在利益分配较为合理的情况下，第三方支付机构和商业银行才具有持续的合作意愿。因此制定切实可行的利益分配方案，是保证两类企业平稳合作的重要前提。

6.3 局限与展望

6.3.1 研究局限

本书基于"前因—过程—结果"这一系统分析框架，较为全面地分析了第三方支付机构与商业银行的竞合机理。然而，鉴于研究能力和数据来源的限制，总体来看，本书的局限及有待挖掘之处主要包括以下三

个方面。

局限之一在于，第三方支付机构的数据来源有限，本书在第3章竞合的驱动机理和第5章竞合的绩效影响机理的研究中仅以商业银行作为实证分析对象，随着数据的不断公开，未来可就第三方支付机构的情况进行补充分析，提高这部分内容的研究完整度。

局限之二在于，本书虽然在竞合博弈中积极尝试使用第三方支付机构与商业银行的收入结构作为博弈支付的设计基础，但依然存在对利润来源估计不足的情况，存在一定的估计偏差。

局限之三在于，虽然本书尽可能运用现实数据构建复杂网络，驱动仿真模型，但现实社会中第三方支付机构与商业银行的关系更为复杂，因此，引入更为先进的研究方法和量化方式可能会对两者竞合关系产生新的见解。

6.3.2　未来展望

本书对第三方支付机构与商业银行的竞合机理进行了探究，重点讨论了第三方支付机构与商业银行竞合动机对竞合行为的驱动作用。可以看到，竞合是由第三方支付机构和商业银行两类主体完成，其间可能存在一定的交互作用。在有关企业合作动机的最新研究中，已有部分学者关注到各主体间动机的交互作用可能会对企业行为产生一定影响。限于第三方支付机构的数据来源，本书未能就这一部分进行探讨，未来在数据可得的情况下，可就该问题进行进一步深入分析。

参考文献

［1］曹霞、刘国巍：《基于博弈论和多主体仿真的产学研合作创新网络演化》，载于《系统管理学报》2014 年第 1 期。

［2］曹霞、刘国巍：《资源配置导向下产学研合作创新网络协同演化路径》，载于《系统管理学报》2015 年第 5 期。

［3］曹霞、张路蓬：《环境规制下企业绿色技术创新的演化博弈分析——基于利益相关者视角》，载于《系统工程》2017 年第 2 期。

［4］曹霞、张路蓬：《基于利益分配的创新网络合作密度演化研究》，载于《系统工程学报》2016 年第 1 期。

［5］曹霞、张路蓬、刘国巍：《基于社会网络结构的创新扩散动力机制及其仿真研究》，载于《运筹与管理》2018 年第 5 期。

［6］陈嘉欣、王健康：《互联网金融理财产品余额宝对商业银行业务的影响——基于事件分析法的研究》，载于《经济问题探索》2016 年第 1 期。

［7］褚蓬瑜、郭田勇：《互联网金融与商业银行演进研究》，载于《宏观经济研究》2014 年第 5 期。

［8］单纯：《互联网金融与传统银行业的博弈——基于双寡头垄断市场的三阶段差异性 Hotelling 模型研究》，载于《系统工程》2016 年第 12 期。

［9］党兴华、李玲、张巍：《技术创新网络中企业间依赖与合作动

机对企业合作行为的影响研究》，载于《预测》2010 年第 5 期。

[10] 董昀、李鑫：《互联网金融的发展：基于文献的探究》，载于《金融评论》2014 年第 5 期。

[11] 封思贤、郭仁静：《数字金融、银行竞争与银行效率》，载于《改革》2019 年第 11 期。

[12] 封思贤、袁圣兰：《用户视角下的移动支付操作风险研究——基于行为经济学和 LDA 的分析》，载于《国际金融研究》2018 年第 3 期。

[13] 郭品、沈悦：《互联网金融、存款竞争与银行风险承担》，载于《金融研究》2019 年第 3 期。

[14] 何靖：《延付高管薪酬对银行风险承担的政策效应——基于银行盈余管理动机视角的 PSM-DID 分析》，载于《中国工业经济》2016 年第 11 期。

[15] 何师元：《"互联网 + 金融"新业态与实体经济发展的关联度》，载于《改革》2015 年第 7 期。

[16] 赖成寿、吕靖、李慧等：《基于演化博弈的港口竞合策略选择及仿真研究》，载于《重庆交通大学学报（自然科学版)》2018 年第 11 期。

[17] 李程、白唯、王野等：《绿色信贷政策如何被商业银行有效执行？——基于演化博弈论和 DID 模型的研究》，载于《南方金融》2016 年第 1 期。

[18] 李东红、乌日汗、陈东：《"竞合"如何影响创新绩效：中国制造业企业选择本土竞合与境外竞合的追踪研究》，载于《管理世界》2020 年第 2 期。

[19] 李佳、王宏起、李玥等：《大数据时代区域创新服务平台间科技资源共享行为的演化博弈研究》，载于《情报科学》2018 年第 1 期。

[20] 林章悦、刘忠璐、李后建：《互联网金融的发展逻辑——基于

金融与互联网功能耦合的视角》，载于《西南民族大学学报（人文社会科学版）》2015 年第 7 期。

[21] 刘冲、杜通、刘莉亚等：《资本计量方法改革、商业银行风险偏好与信贷配置》，载于《金融研究》2019 年第 7 期。

[22] 刘澜飚、沈鑫、郭步超：《互联网金融发展及其对传统金融模式的影响探讨》，载于《经济学动态》2013 年第 8 期。

[23] 刘忠璐、林章悦：《互联网金融对商业银行盈利的影响研究》，载于《北京社会科学》2016 年第 9 期。

[24] 陆敬筠、王绍东：《移动互联网金融第三方企业与银行的竞合行为研究》，载于《福建师范大学学报（哲学社会科学版）》2014 年第 4 期。

[25] 马蓝：《企业间知识合作动机、合作行为与合作创新绩效的关系研究》，西北大学，2016 年。

[26] 彭泽余、刘丛加、张倩茜等：《理性＋情感：Apple Pay 使用意愿的实证研究》，载于《管理科学》2018 年第 4 期。

[27] 彭珍珍、顾颖、张洁：《动态环境下联盟竞合、治理机制与创新绩效的关系研究》，载于《管理世界》2020 年第 3 期。

[28] 秦玮：《基于生态位理论的产学研联盟中企业动机与绩效研究》，上海交通大学，2011 年。

[29] 邱晗、黄益平、纪洋：《金融科技对传统银行行为的影响——基于互联网理财的视角》，载于《金融研究》2018 年第 11 期。

[30] 苏中锋、谢恩、李垣：《基于不同动机的联盟控制方式选择及其对联盟绩效的影响——中国企业联盟的实证分析》，载于《南开管理评论》2007 年第 5 期。

[31] 孙少岩、张亮：《新时期商业银行的战略抉择》，载于《经济纵横》2015 年第 3 期。

[32] 陶虎、周升师、于仁竹：《移动支付企业网络嵌入与顾客价值

关系研究》，载于《宏观经济研究》2017年第3期。

[33] 田宇、张怀英：《理性权衡即兴行为视角下的企业竞合关系：基本逻辑、演化机理及其治理》，载于《四川大学学报（哲学社会科学版）》2016年第4期。

[34] 王发明、朱美娟：《创新生态系统价值共创行为协调机制研究》，载于《科研管理》2019年第5期。

[35] 王光远：《基于互联网金融背景下商业银行转型发展对策研究》，载于《投资研究》2015年第6期。

[36] 王健、赵凯：《基于Agent的演化博弈下的合作行为研究》，载于《工业技术经济》2016年第5期。

[37] 王维艳：《社区参与下的旅游景区竞合关系演变机理及调控——基于纵向价值链的演化博弈分析》，载于《经济管理》2018年第6期。

[38] 王冀、史永东：《科技金融反哺银行业的异质性研究——来自区域性银行的经验证据》，载于《科学学研究》2017年第12期。

[39] 吴迪：《货币政策与金融稳定——基于异质性商业银行的宏观经济模型研究》，载于《江苏社会科学》2018年第1期。

[40] 吴先明、张玉梅：《国有企业的海外并购是否创造了价值：基于PSM和DID方法的实证检验》，载于《世界经济研究》2019年第5期。

[41] 吴小节、杨书燕、汪秀琼：《资源依赖理论在组织管理研究中的应用现状评估——基于111种经济管理类学术期刊的文献计量分析》，载于《管理学报》2015年第1期。

[42] 谢泗薪、张志博：《基于互联网思维的科技金融服务业发展模式与攻略》，载于《中国科技论坛》2016年第3期。

[43] 谢治春、赵兴庐、刘媛：《金融科技发展与商业银行的数字化战略转型》，载于《中国软科学》2018年第8期。

［44］杨震宁、赵红：《中国企业的开放式创新：制度环境，"竞合"关系与创新绩效》，载于《管理世界》2020 年第 2 期。

［45］张海燕、张正堂：《制度信任偏离度对再次合作意愿影响实证研究》，载于《软科学》2017 年第 3 期。

［46］张庆君、刘靖：《互联网金融提升了商业银行资本配置效率吗？——基于中国上市银行的经验证据》，载于《金融论坛》2017 年第 7 期。

［47］郑志来：《互联网金融对我国商业银行的影响路径——基于"互联网＋"对零售业的影响视角》，载于《财经科学》2015 年第 5 期。

［48］周杰、张卫国、韩炜：《国外关于企业间竞合关系研究的述评及展望》，载于《研究与发展管理》2017 年第 6 期。

［49］A. Bonaccorsi, A. Piccaluga, A Theoretical Framework for the Evaluation of University-Industry Relationships. *R&D Management*, Vol. 24, No. 3, 1994, pp. 229 – 247.

［50］A. Fuster, M. Plosser, P. Schnabl, et al., The Role of Technology in Mortgage Lending. *The Review of Financial Studies*, Vol. 32, No. 5, 2019, pp. 1854 – 1899.

［51］A. Madhok, S. B. Tallman, Resources, Transactions and Rents: Managing Value through Interfirm Collaborative Relationships. *Organization Science*, Vol. 9, No. 3, 1998, pp. 326 – 339.

［52］A. Morse, Peer-to-Peer Crowdfunding: Information and the Potential for Disruption in Consumer Lending. *Annual Review of Financial Economics*, Vol. 7, 2015, pp. 463 – 482.

［53］A. M. Colman, *Game Theory and its Applications: In the Social and Biological Sciences*. London: Psychology Press, 2013.

［54］A. N. Berger, I. Hasan, L. Klapper, Further Evidence on the Link between Finance and Growth: An International Analysis of Community

Banking and Economic Performance. *Journal of Financial Services Research*, Vol. 25, No. 2, 2004, pp. 169 – 202.

[55] A. N. Berger, The Economic Effects of Technological Progress: Evidence from the Banking Industry. *Journal of Money, Credit and Banking*, Vol. 35, No. 2, 2003, pp. 141 – 176.

[56] A. Osarenkhoe, A Study of Inter-Firm Dynamics between Competition and Cooperation – a Coopetition Strategy. *Journal of Database Marketing & Customer Strategy Management*, Vol. 17, No. 3 – 4, 2010, pp. 201 – 221.

[57] A. W. Boot, The Future of Banking: From Scale & Scope Economics to Fintech 29. *European Economy*, Vol. 3, No. 2, 2017, pp. 77 – 95.

[58] A. -L. Barabási, R. Albert, Emergence of Scaling in Random Networks. *Science*, Vol. 286, No. 5439, 1999, pp. 509 – 512.

[59] A. -S. Fernandez, F. Le Roy, D. R. Gnyawali, Sources and Management of Tension in Co-Opetition Case Evidence from Telecommunications Satellites Manufacturing in Europe. *Industrial Marketing Management*, Vol. 43, No. 2, 2014, pp. 222 – 235.

[60] B. B. Nielsen, An Empirical Investigation of the Drivers of International Strategic Alliance Formation. *European Management Journal*, Vol. 21, No. 3, 2003, pp. 301 – 322.

[61] B. Casu, A. Clare, A. Sarkisyan, et al., Securitization and Bank Performance. *Journal of Money, Credit and Banking*, Vol. 45, No. 8, 2013, pp. 1617 – 1658.

[62] B. J. Nalebuff, A. Brandenburger, A. Maulana, *Co-Opetition*. London: Harper Collins Business London, 1996.

[63] B. Kogut, Joint Ventures: Theoretical and Empirical Perspectives. *Strategic Management Journal*, Vol. 9, No. 4, 1988, pp. 319 – 332.

[64] B. -J. Park, M. K. Srivastava, D. R. Gnyawali, Impact of Coo-

petition in the Alliance Portfolio and Coopetition Experience on Firm Innovation. *Technology Analysis & Strategic Management*, Vol. 26, No. 8, 2014, pp. 893 – 907.

［65］C. Anderson, M. P. Andersson, *Long Tail*. Westport: Hyperion Press, 2006.

［66］C. Argyris, D. A. Schon, *Theory in Practice: Increasing Professional Effectiveness*. San Francisco: Jossey-bass, 1974.

［67］C. Farruggio, A. Uhde, Determinants of Loan Securitization in European Banking. *Journal of Banking & Finance*, Vol. 56, 2015, pp. 12 – 27.

［68］C. Fornell, D. F. Larcker, Structural Equation Models with Unobservable Variables and Measurement Error: Algebra and Statistics. *Journal of Marketing Research*, Vol. 18, No. 3, 1981, pp. 382 – 388.

［69］C. I. Fernandes, J. J. Ferreira, P. M. Veiga, et al. , The Effects of Coopetition on the Innovation Activities and Firm Performance: Some Empirical Evidence. *Competitiveness Review: An International Business Journal*, Vol. 29, No. 5, 2019, pp. 622 – 645.

［70］C. Quintana-Garcia, C. A. Benavides-Velasco, Cooperation, Competition, and Innovative Capability: A Panel Data of European Dedicated Biotechnology Firms. *Technovation*, Vol. 24, No. 12, 2004, pp. 927 – 938.

［71］C. Upper, Simulation Methods to Assess the Danger of Contagion in Interbank Markets. *Journal of Financial Stability*, Vol. 7, No. 3, 2011, pp. 111 – 125.

［72］D. Gabor, S. Brooks, The Digital Revolution in Financial Inclusion: International Development in the Fintech Era. *New Political Economy*, Vol. 22, No. 4, 2017, pp. 423 – 436.

［73］D. J. Watts, S. H. Strogatz, Collective Dynamics of "Small-World" Networks. *Nature*, Vol. 393, No. 6684, 1998, pp. 440 – 442.

［74］D. Mascia, F. Di Vincenzo, A. Cicchetti, Dynamic Analysis of Interhospital Collaboration and Competition: Empirical Evidence from an Italian Regional Health System. *Health Policy*, Vol. 105, No. 2 - 3, 2012, pp. 273 - 281.

［75］D. R. Gnyawali, B. J. Park, Co-Opetition and Technological Innovation in Small and Medium-Sized Enterprises: A Multilevel Conceptual Model. *Journal of Small Business Management*, Vol. 47, No. 3, 2009, pp. 308 - 330.

［76］D. R. Gnyawali, R. Madhavan, J. He, et al., The Competition-Cooperation Paradox in Inter - Firm Relationships: A Conceptual Framework. *Industrial Marketing Management*, Vol. 53, 2016, pp. 7 - 18.

［77］D. Veit, E. Clemons, A. Benlian, et al., Business Models. *Business & Information Systems Engineering*, Vol. 6, No. 1, 2014, pp. 45 - 53.

［78］D. W. Arner, J. Barberis, R. P. Buckley, 150 Years of Fintech: An Evolutionary Analysis. *Journal of Applied Science in Southern Africa*, No. 3, 2016, pp. 22 - 29.

［79］E. D. Matemba, G. Li, Consumers' Willingness to Adopt and Use Wechat Wallet: An Empirical Study in South Africa. *Technology in Society*, Vol. 53, 2018, pp. 55 - 68.

［80］E. Kazan, C. -W. Tan, E. T. Lim, et al., Disentangling Digital Platform Competition: The Case of UK Mobile Payment Platforms. *Journal of Management Information Systems*, Vol. 35, No. 1, 2018, pp. 180 - 219.

［81］F. C. Santos, M. D. Santos, J. M. Pacheco, Social Diversity Promotes the Emergence of Cooperation in Public Goods Games. *Nature*, Vol. 454, No. 7201, 2008, pp. 213 - 216.

［82］F. D'Acunto, N. Prabhala, A. G. Rossi, The Promises and Pitfalls of Robo-Advising. *The Review of Financial Studies*, Vol. 32, No. 5,

2019, pp. 1983 – 2020.

［83］ F. Liébana – Cabanillas, V. Marinkovic, I. R. De Luna, et al. , Predicting the Determinants of Mobile Payment Acceptance: A Hybrid SEM-Neural Network Approach. *Technological Forecasting and Social Change*, Vol. 129, 2018, pp. 117 – 130.

［84］ F. L. Jeffries, T. E. Becker, Trust, Norms, and Cooperation: Development and Test of a Simplified Model. *Journal of Behavioral & Applied Management*, Vol. 9, No. 3, 2008, pp. 316 – 336.

［85］ G. F. Davis, J. A. Cobb, *Resource Dependence Theory: Past and Future*. Bingley: Emerald Group Publishing Limited, 2010.

［86］ G. P. Huber, Organizational Learning: The Contributing Processes and the Literatures. *Organization Science*, Vol. 2, No. 1, 1991, pp. 88 – 115.

［87］ G. Szabó, C. Töke, Evolutionary Prisoner's Dilemma Game on a Square Lattice. *Physical Review E*, Vol. 58, No. 1, 1998, pp. 69 – 73.

［88］ H. -X. Yang, W. -X. Wang, Z. -X. Wu, et al. , Diversity-Optimized Cooperation on Complex Networks. *Physical Review E*, Vol. 79, No. 5, 2009, P. 056107.

［89］ İ. Daştan, C. Gürler, Factors Affecting the Adoption of Mobile Payment Systems: An Empirical Analysis. *Emerging Markets Journal*, Vol. 6, No. 1, 2016, pp. 17 – 24.

［90］ I. Estrada, D. Faems, P. De Faria, Coopetition and Product Innovation Performance: The Role of Internal Knowledge Sharing Mechanisms and Formal Knowledge Protection Mechanisms. *Industrial Marketing Management*, Vol. 53, 2016, pp. 56 – 65.

［91］ I. H. Chiu, Fintech and Disruptive Business Models in Financial Products, Intermediation and Markets-Policy Implications for Financial Regulators. *Journal of Technology Law & Policy*, Vol. 21, 2016, pp. 55 – 111.

［92］J. Dahl, Conceptualizing Coopetition as a Process: An Outline of Change in Cooperative and Competitive Interactions. *Industrial Marketing Management*, Vol. 43, No. 2, 2014, pp. 272 – 279.

［93］J. F. Hair, W. C. Black, B. J. Babin, et al., *Multivariate Data Analysis.* London: Pearson Education Limited, 2013.

［94］J. F. Nash, Equilibrium Points in N-Person Games. *Proceedings of the National Academy of Sciences*, Vol. 36, No. 1, 1950, pp. 48 – 49.

［95］J. Hagedoorn, Understanding the Rationale of Strategic Technology Partnering: Interorganizational Modes of Cooperation and Sectoral Differences. *Strategic Management Journal*, Vol. 14, No. 5, 1993, pp. 371 – 385.

［96］J. Hedman, S. Henningsson, The New Normal: Market Cooperation in the Mobile Payments Ecosystem. *Electronic Commerce Research and Applications*, Vol. 14, No. 5, 2015, pp. 305 – 318.

［97］J. Jagtiani, C. Lemieux, Do Fintech Lenders Penetrate Areas that are Underserved by Traditional Banks? *Journal of Economics and Business*, Vol. 100, 2018, pp. 43 – 54.

［98］J. Liu, R. J. Kauffman, D. Ma, Competition, Cooperation, and Regulation: Understanding the Evolution of the Mobile Payments Technology Ecosystem. *Electronic Commerce Research and Applications*, Vol. 14, No. 5, 2015, pp. 372 – 391.

［99］J. M. Smith, G. R. Price, The Logic of Animal Conflict. *Nature*, Vol. 246, No. 5427, 1973, pp. 15 – 18.

［100］J. M. Smith, *Evolution and the Theory of Games.* Cambridge: Cambridge University Press, 1982.

［101］J. Ondrus, A. Gannamaneni, K. Lyytinen, The Impact of Openness on the Market Potential of Multi – Sided Platforms: A Case Study of Mobile Payment Platforms. *Journal of Information Technology*, Vol. 30,

No. 3, 2015, pp. 260 – 275.

[102] J. Ondrus, Y. Pigneur, Near Field Communication: An Assessment for Future Payment Systems. *Information Systems and E-Business Management*, Vol. 7, No. 3, 2009, pp. 347 – 361.

[103] J. Ondrus, Y. Pigneur, Towards a Holistic Analysis of Mobile Payments: A Multiple Perspectives Approach. *Electronic Commerce Research and Applications*, Vol. 5, No. 3, 2006, pp. 246 – 257.

[104] J. Pfeffer, G. R. Salancik, *The External Control of Organizations: A Resource Dependence Perspective*. Redwood: Stanford University Press, 2003.

[105] J. Von Neumann, O. Morgenstern, H. W. Kuhn, *Theory of Games and Economic Behavior (Commemorative Edition)*. Princeton: Princeton University Press, 2007.

[106] J. Wu, Cooperation with Competitors and Product Innovation: Moderating Effects of Technological Capability and Alliances with Universities. *Industrial Marketing Management*, Vol. 43, No. 2, 2014, pp. 199 – 209.

[107] J. -Y. Guan, Z. -X. Wu, Y. -H. Wang, Effects of Inhomogeneous Activity of Players and Noise on Cooperation in Spatial Public Goods Games. *Physical Review E*, Vol. 76, No. 5, 2007, P. 056101.

[108] K. Hausken, Cooperation and between-Group Competition. *Journal of Economic Behavior & Organization*, Vol. 42, No. 3, 2000, pp. 417 – 425.

[109] K. Laursen, A. Salter, Open for Innovation: The Role of Openness in Explaining Innovation Performance among UK Manufacturing Firms. *Strategic Management Journal*, Vol. 27, No. 2, 2006, pp. 131 – 150.

[110] K. S. Staykova, J. Damsgaard, The Race to Dominate the Mobile Payments Platform: Entry and Expansion Strategies. *Electronic Commerce*

Research and Applications, Vol. 14, No. 5, 2015, pp. 319 – 330.

［111］K. -F. Huang, C. -M. J. Yu, The Effect of Competitive and Non-Competitive R&D Collaboration on Firm Innovation. *The Journal of Technology Transfer*, Vol. 36, No. 4, 2011, pp. 383 – 403.

［112］L. Dong, K. W. Glaister, Motives and Partner Selection Criteria in International Strategic Alliances: Perspectives of Chinese Firms. *International Business Review*, Vol. 15, No. 6, 2006, pp. 577 – 600.

［113］L. Einav, M. Jenkins, J. Levin, The Impact of Credit Scoring on Consumer Lending. *The RAND Journal of Economics*, Vol. 44, No. 2, 2013, pp. 249 – 274.

［114］L. Feng, Brand Choice of Chinese Consumers to Adopt Digital Payment Platform in Thailand Focusing on Alipay, Wechat Pay and Union Pay. Bangkok University, 2017.

［115］L. Laeven, R. Levine, Bank Governance, Regulation and Risk Taking. *Journal of Financial Economics*, Vol. 93, No. 2, 2009, pp. 259 – 275.

［116］L. Malady, Consumer Protection Issues for Digital Financial Services in Emerging Markets. *Banking & Finance Law Review*, Vol. 31, No. 2, 2016, pp. 389 – 401.

［117］L. -M. Sainio, P. Ritala, P. Hurmelinna-Laukkanen, Constituents of Radical Innovation—Exploring the Role of Strategic Orientations and Market Uncertainty. *Technovation*, Vol. 32, No. 11, 2012, pp. 591 – 599.

［118］M. A. Chen, Q. Wu, B. Yang, How Valuable is Fintech Innovation? *The Review of Financial Studies*, Vol. 32, No. 5, 2019, pp. 2062 – 2106.

［119］M. A. Hitt, L. Bierman, K. Shimizu, et al. , Direct and Moderating Effects of Human Capital on Strategy and Performance in Professional Service Firms: A Resource-Based Perspective. *Academy of Management Jour-*

nal, Vol. 44, No. 1, 2001, pp. 13 – 28.

[120] M. A. Nowak, R. M. May, Evolutionary Games and Spatial Chaos. *Nature*, Vol. 359, No. 6398, 1992, pp. 826 – 829.

[121] M. Beer, R. A. Eisenstat, R. Spector, *The Critical path to Corporate Renewal*. Boston: Harvard Business School Press, 1990.

[122] M. Bengtsson, M. Johansson, Managing Coopetition to Create Opportunities for Small Firms. *International Small Business Journal*, Vol. 32, No. 4, 2014, pp. 401 – 427.

[123] M. Bengtsson, T. Raza-Ullah, A Systematic Review of Research on Coopetition: Toward a Multilevel Understanding. *Industrial Marketing Management*, Vol. 57, 2016, pp. 23 – 39.

[124] M. Cocosila, H. Trabelsi, An Integrated Value-Risk Investigation of Contactless Mobile Payments Adoption. *Electronic Commerce Research and Applications*, Vol. 20, 2016, pp. 159 – 170.

[125] M. De Reuver, E. Verschuur, F. Nikayin, et al., Collective Action for Mobile Payment Platforms: A Case Study on Collaboration Issues between Banks and Telecom Operators. *Electronic Commerce Research and Applications*, Vol. 14, No. 5, 2015, pp. 331 – 344.

[126] M. Dowling, W. D. Roering, B. A. Carlin, et al., Multifaceted Relationships under Coopetition: Description and Theory. *Journal of Management Inquiry*, Vol. 5, No. 2, 1996, pp. 155 – 167.

[127] M. D. Santoro, A. K. Chakrabarti, Firm Size and Technology Centrality in Industry-University Interactions. *Research Policy*, Vol. 31, No. 7, 2002, pp. 1163 – 1180.

[128] M. Hemmadi, FinTech is both Friend and FOE. *Canadian Business*, Vol. 88, No. 6, 2015, pp. 10 – 11.

[129] M. Zineldin, Co-Opetition: The Organisation of the Future.

Marketing Intelligence & Planning, Vol. 22, No. 6, 2004, pp. 780 – 789.

[130] N. Daidj, J. Jung, Strategies in the Media Industry: Towards the Development of Co-Opetition Practices? *Journal of Media Business Studies*, Vol. 8, No. 4, 2011, pp. 37 – 57.

[131] O. E. Williamson, Transaction-Cost Economics: The Governance of Contractual Relations. *The Journal of Law and Economics*, Vol. 22, No. 2, 1979, pp. 233 – 261.

[132] O. Williamson, *The Economic Institutions of Capitalism. Firms, Markets, Relational Contracting.* New York: Free Press, 1987.

[133] P. Barbesino, R. Camerani, A. Gaudino, Digital Finance in Europe: Competitive Dynamics and Online Behaviour. *Journal of Financial Services Marketing*, Vol. 9, No. 4, 2005, pp. 329 – 343.

[134] P. Erdos, On Random Graphs. *Publicationes Mathematicae*, Vol. 6, 1959, pp. 290 – 297.

[135] P. Gomber, J. -A. Koch, M. Siering, Digital Finance and FinTech: Current Research and Future Research Directions. *Journal of Business Economics*, Vol. 87, No. 5, 2017, pp. 537 – 580.

[136] P. J. Williamson, A. De Meyer, Ecosystem Advantage: How to Successfully Harness the Power of Partners. *California Management Review*, Vol. 55, No. 1, 2012, pp. 24 – 46.

[137] P. J. Williamson, Building and Leveraging Dynamic Capabilities: Insights from Accelerated Innovation in China. *Global Strategy Journal*, Vol. 6, No. 3, 2016, pp. 197 – 210.

[138] P. K. Ozili, Impact of Digital Finance on Financial Inclusion and Stability. *Borsa Istanbul Review*, Vol. 18, No. 4, 2018, pp. 329 – 340.

[139] P. Ozcan, F. M. Santos, The Market that Never was: Turf Wars and Failed Alliances in Mobile Payments. *Strategic Management Jour-*

nal, Vol. 36, No. 10, 2015, pp. 1486 – 1512.

[140] P. Ritala, H. Olander, S. Michailova, et al. , Knowledge Sharing, Knowledge Leaking and Relative Innovation Performance: An Empirical Study. *Technovation*, Vol. 35, 2015, pp. 22 – 31.

[141] P. Ritala, L. -M. Sainio, Coopetition for Radical Innovation: Technology, Market and Business-Model Perspectives. *Technology Analysis & Strategic Management*, Vol. 26, No. 2, 2014, pp. 155 – 169.

[142] P. R. Rosenbaum, D. B. Rubin, Reducing Bias in Observational Studies Using Subclassification on the Propensity Score. *Journal of the American Statistical Association*, Vol. 79, No. 387, 1984, pp. 516 – 524.

[143] R. B. Bouncken, J. Gast, S. Kraus et al. , Coopetition: A Systematic Review, Synthesis, and Future Research Directions. *Review of Managerial Science*, Vol. 9, No. 3, 2015, pp. 577 – 601.

[144] R. B. Bouncken, S. Kraus, Innovation in Knowledge-Intensive Industries: The Double-Edged Sword of Coopetition. *Journal of Business Research*, Vol. 66, No. 10, 2013, pp. 2060 – 2070.

[145] R. B. Bouncken, V. Fredrich, Coopetition: Performance Implications and Management Antecedents. *International Journal of Innovation Management*, Vol. 16, No. 5, 2012, P. 1250028.

[146] R. B. Bouncken, V. Fredrich, Learning in Coopetition: Alliance Orientation, Network Size, and Firm Types. *Journal of Business Research*, Vol. 69, No. 5, 2016, pp. 1753 – 1758.

[147] R. B. Bouncken, V. Fredrich, P. Ritala, et al. , Coopetition in New Product Development Alliances: Advantages and Tensions for Incremental and Radical Innovation. *British Journal of Management*, Vol. 29, No. 3, 2018, pp. 391 – 410.

[148] R. Costa-Climent, C. Martínez-Climent, Sustainable Profitability

of Ethical and Conventional Banking. *Contemporary Economics*, Vol. 12, No. 4, 2018, pp. 519 – 531.

[149] R. C. Merton, R. T. Thakor, Customers and Investors: A Framework for Understanding the Evolution of Financial Institutions. *Journal of Financial Intermediation*, Vol. 39, 2019, pp. 4 – 18.

[150] R. Deyoung, The Performance of Internet-Based Business Models: Evidence from the Banking Industry. *The Journal of Business*, Vol. 78, No. 3, 2005, pp. 893 – 948.

[151] R. Gulati, N. Nohria, A. Zaheer, Strategic Networks. *Strategic Management Journal*, Vol. 21, No. 3, 2000, pp. 203 – 215.

[152] R. H. Coase, The Nature of the Firm (1937). *The Nature of the Firm Origins*, *Evolution*, *and Development*, 1991, pp. 18 – 33.

[153] R. Mantena, R. L. Saha, Co-Opetition between Differentiated Platforms in Two-Sided Markets. *Journal of Management Information Systems*, Vol. 29, No. 2, 2012, pp. 109 – 140.

[154] R. P. Buckley, S. Webster, FinTech in Developing Countries: Charting New Customer Journeys. *Journal of Financial Transformation*, Vol. 44, 2016, pp. 151 – 159.

[155] R. Ramamurti, P. J. Williamson, Rivalry between Emerging-Market MNEs and Developed-Country MNEs: Capability Holes and the Race to the Future. *Business Horizons*, Vol. 62, No. 2, 2019, pp. 157 – 169.

[156] R. Safeena, A. Kammani, H. Date, Assessment of Internet Banking Adoption: An Empirical Analysis. *Arabian Journal for Science and Engineering*, Vol. 39, No. 2, 2014, pp. 837 – 849.

[157] S. D. Pathak, Z. Wu, D. Johnston, Toward a Structural View of Co-Opetition in Supply Networks. *Journal of Operations Management*, Vol. 32, No. 5, 2014, pp. 254 – 267.

［158］S. V. Scott, J. Van Reenen, M. Zachariadis, The Long-Term Effect of Digital Innovation on Bank Performance: An Empirical Study of SWIFT Adoption in Financial Services. *Research Policy*, Vol. 46, No. 5, 2017, pp. 984 – 1004.

［159］T. Beck, T. Chen, C. Lin, et al. , Financial Innovation: The Bright and the Dark Sides. *Journal of Banking & Finance*, Vol. 72, 2016, pp. 28 – 51.

［160］T. Dahlberg, N. Mallat, J. Ondrus, et al. , Past, Present and Future of Mobile Payments Research: A Literature Review. *Electronic Commerce Research and Applications*, Vol. 7, No. 2, 2008, pp. 165 – 181.

［161］T. Hu, C. Xie, Competition and Bank Risk-Taking: The Mediating Role of Innovation for Chinese Banking Industry. *International Journal of Applied Decision Sciences*, Vol. 9, No. 2, 2016, pp. 139 – 155.

［162］T. Philippon, Has the Us Finance Industry Become Less Efficient? On the Theory and Measurement of Financial Intermediation. *American Economic Review*, Vol. 105, No. 4, 2015, pp. 1408 – 1438.

［163］V. L. Johnson, A. Kiser, R. Washington, et al. , Limitations to the Rapid Adoption of M-Payment Services: Understanding the Impact of Privacy Risk on M-Payment Services. *Computers in Human Behavior*, Vol. 79, 2018, pp. 111 – 122.

［164］V. Tornjanski, S. Marinković, G. Săvoiu, et al. , A Need for Research Focus Shift: Banking Industry in the Age of Digital Disruption. *Econophysics, Sociophysics & Other Multidisciplinary Sciences Journal (ESMSJ)*, Vol. 5, No. 3, 2015, pp. 11 – 15.

［165］V. Tornjanski, S. Marinković, Z. Jancic, Towards Sustainability: Effective Operations Strategies, Quality Management and Operational Excellence in Banking. *Amfiteatru Economic*, Vol. 19, No. 44, 2017, pp.

79 – 94.

［166］ W. Szpringer, FinTech-New Phenomena in the Financial Services Market. *E-MENTOR*, No. 2, 2016, pp. 56 – 69.

［167］ W. W. McCutchen Jr., P. M. Swamidass, Motivations for Strategic Alliances in the Pharmaceutical/Biotech Industry: Some New Findings. *The Journal of High Technology Management Research*, Vol. 15, No. 2, 2004, pp. 197 – 214.

［168］ W. -X. Wang, J. Lü, G. Chen, et al., Phase Transition and Hysteresis Loop in Structured Games with Global Updating. *Physical Review E*, Vol. 77, No. 4, 2008, P. 046109.

［169］ Y. Liu, Y. Luo, P. Yang, et al., Typology and Effects of Co-Opetition in Buyer-Supplier Relationships: Evidence from the Chinese Home Appliance Industry. *Management and Organization Review*, Vol. 10, No. 3, 2014, pp. 439 – 465.

［170］ Y. Ma, D. Liu, Introduction to the Special Issue on Crowdfunding and FinTech. *Financial Innovation*, Vol. 3, 2017, P. 8.

［171］ Y. -C. Chen, M. Hung, Y. Wang, The Effect of Mandatory CSR Disclosure on Firm Profitability and Social Externalities: Evidence from China. *Journal of Accounting and Economics*, Vol. 65, No. 1, 2018, pp. 169 – 190.